독자의 1초를
아껴주는 정성을
만나보세요!

세상이 아무리 바쁘게 돌아가더라도 책까지 아무렇게나 빨리 만들 수는 없습니다.

인스턴트 식품 같은 책보다 오래 익힌 술이나 장맛이 밴 책을 만들고 싶습니다.

땀 흘리며 일하는 당신을 위해 한 권 한 권 마음을 다해 만들겠습니다.

마지막 페이지에서 만날 새로운 당신을 위해 더 나은 길을 준비하겠습니다.

즐거운
프로그래밍
경험

모두의
데이터 분석

with 파이썬

실생활 예제로 시작하는 데이터 분석 첫걸음

송석리, 이현아 지음

길벗

모두의 데이터 분석 with 파이썬

Data Analysis for Everyone

초판 발행 · 2019년 4월 25일
초판 13쇄 발행 · 2022년 9월 30일

지은이 · 송석리, 이현아
발행인 · 이종원
발행처 · (주)도서출판 길벗
출판사 등록일 · 1990년 12월 24일
주소 · 서울시 마포구 월드컵로 10길 56(서교동)
대표전화 · 02)332-0931 | **팩스** · 02)323-0586
홈페이지 · www.gilbut.co.kr | **이메일** · gilbut@gilbut.co.kr

기획 및 책임편집 · 김윤지(yunjikim@gilbut.co.kr) | **디자인** · 배진웅 | **제작** · 이준호, 손일순, 이진혁
영업마케팅 · 임태호, 전선하, 차명환, 박성용 | **영업관리** · 김명자 | **독자지원** · 송혜란, 윤정아

교정교열 · 황진주 | **전산편집** · 도설아 | **출력 및 인쇄** · 예림인쇄 | **제본** · 예림바인딩

ISBN 979-11-6050-781-2 93000
(길벗 도서번호 007029)

정가 18,000원

· ·

독자의 1초를 아껴주는 정성 길벗출판사

(주)도서출판 길벗 **www.gilbut.co.kr**

페이스북 · www.facebook.com/gbitbook

"요즘 데이터 분석이 대세라던데, 난 코딩할 줄 모르는데 어떻게 시작하지?"라고 생각하는 분들을 위한 '가장 친절하고 알기 쉬운 책'이라고 감히 소개합니다. 파이썬의 기초 문법을 사용해서 공공데이터뿐만 아니라, 관심 있는 분야의 데이터를 직접 찾아서 다뤄볼 수 있는 '성공적인 첫 번째 경험'을 제시해주는 책이에요. 초보자는 웹에 흩어진 정보들을 스스로 찾는 데 오랜 시간이 걸리는데, 이 책을 한 권 독파하면 데이터 분석을 위한 진입 장벽이 확 낮아질 겁니다.

김유리안나 │ 24세, 대학생

파이썬은 매우 다양한 분야에서 활용할 수 있는 언어지만, 제가 마땅히 활용할 만한 분야가 잘 없었어요. 그러던 중 여러 실험 수치와 데이터를 비교해야 하는 물리 수업을 들으면서 코딩을 활용해 보려는 생각을 하던 차에 이 책을 접했어요. 방대한 양의 데이터에서 필요한 정보를 효율적으로 찾고 가공하여, 사람이 보기 쉽게 시각화하는 단계까지 쉽고 자세하게 설명하고 있어 유익했어요. 특히 가공한 데이터를 여러 형태의 차트나 그래프로 출력해보니 텍스트로 된 수천, 수만 가지의 데이터를 한눈에 비교할 수 있었어요. 또한 의미 없어 보였던 데이터 덩어리에서 그 숨겨진 가치를 찾아내는 과정이 매우 인상적이었어요.

이현서 │ 18세, 고등학생

일상생활 속 데이터에 질문을 던지고 프로젝트로 진행하는 방식이 흥미로웠어요. 현직 교사로서, 파이썬이라는 도구를 통해 고정된 지식을 능동적으로 재구성하는 과정이 교육적으로 굉장히 의미 있었고요. 파이썬 문법도 전혀 어렵지 않고 친절한 설명까지 있어, 여러 교과 수업에 충분히 녹여낼 수 있을 것 같아요.

서승희 │ 26세, 초등학교 교사

아나콘다 설치부터 기온, 인구, 대중교통 같은 공공데이터 시각화까지 쉽게 접근할 수 있는 기본서입니다. 데이터 분석에 필요한 numpy, pandas 라이브러리 활용법도 다루고 있어, 데이터를 보다 효과적으로 처리하는 방법을 배울 수 있었어요. 데이터 분석을 어떻게 시작할지 고민했던 사람들에게 좋은 길라잡이가 될 것입니다.

장경욱 │ 27세, IT개발자

코딩을 하다 보면 꼭 데이터를 불러와서 써야 하는 경우가 있는데, 이 책은 그럴 때 어떻게 코드를 작성해야 하는지를 상세히 알려주는 책이에요. 이 책 덕분에 파이썬이라는 간결한 고급 언어로, 데이터를 쉽게 분석할 수 있다는 것을 배웠어요. 또 활용법까지 자세하고 꼼꼼하게 반복해서 알려줘서 좋았어요.

김현아 │ 20세, 대학생

머리말

우리 모두는 디지털 사회를 살아가고 있습니다. 이제 디지털 사회의 시민으로서 데이터를 수집하고, 질문을 던지고, 분석해서 그 안에 담긴 무한한 인사이트를 찾아내고 공유할 수 있는 힘을 가지는 것이 그 어느 때보다 중요하게 되었습니다.

이미 데이터 분석 관련 책이 많이 나온 상황에서 또 하나의 책을 더하는 이유는, 다른 책들과는 다른 경험을 드리고 싶었기 때문입니다. 그것은 바로 'Learning by Doing'에 충실한 '배움의 경험'이었습니다.

이 책은 최소한의 문법과 입출력을 위한 최소한의 라이브러리를 사용해서 여러분만의 프로젝트를 만들 수 있도록 도와줍니다. 파이썬의 엄격하고 구체적인 문법이 아닌, for, if, list 같은 최소한의 문법을 활용해 의미 있는 데이터 분석 및 시각화 프로젝트를 할 수 있도록 구성하였습니다.

물론 이 책에서 제시하는 수준의 데이터 분석으로 스타트업을 창업하거나 대단한 연구를 할 수 있는 것은 아닙니다. 하지만 이 책의 다양한 공공데이터 프로젝트들은 아이들이 자라나는 학교 현장 또는 여러분이 속한 산업군 안에서 충분히 의미 있는 교육적 가치를 지닌다고 확신합니다.

만약 공공데이터의 의미를 '모두의 데이터'라는 관점으로 바라볼 수 있다면 우리 사회는 분명 한 걸음 더 나아갈 수 있을 것입니다. 이 책이 여러분에게 그런 힘을 기를 수 있는 첫걸음이 되었으면 좋겠고, 이 책을 읽은 후 여러분이 공공데이터를 활용해 재미있고 의미 있는 인사이트를 찾아내기를 바라는 마음입니다.

또한 여러분이 '모두의 데이터'인 공공데이터의 가치를 재조명함으로써 정부와 사회가 더 많은 데이터를 제공하는 선순환이 일어난다면 더할 나위 없이 좋을 것 같습니다. 모쪼록 이 책이 의미 있는 경험이 되기를 바랍니다.

SPECIAL ★
Thanks To

저를 파이썬의 세계로 인도해준 선린인터넷고등학교 제자들, 재미있고 의미 있는 데이터 분석 프로젝트 수업을 위해 함께 고민해준 한성과학고등학교 제자들 덕분에 이 책이 태어났습니다. 초보 저자를 위해 늘 친절하게 도움주신 김윤지 과장님과 동고동락해온 든든한 파트너 이현아 선생님, 그리고 항상 옆에서 응원해주는 사랑하는 아내 재신이와 하임이, 은하에게 감사의 마음을 전합니다.

2019년 4월 송석리

4

누구를 위한 책인가요?

이 책은 파이썬 기초까지는 배웠지만 그 다음 단계로 무엇을 할지 궁금했던 사람, 파이썬으로 무언가 나만의 프로젝트를 해보고 싶었던 사람을 주 대상으로 합니다. 기초적인 컴퓨터 지식이 있는 중·고등학생부터 평소 프로그래밍에 관심이 있던 대학생, 단순 통계 분석이 아닌 보다 체계적인 방법으로 업무에 도움을 얻고 싶은 직장인 등 컴퓨터를 전공하지 않았지만 평소 파이썬과 데이터 분석에 관심이 있었던 사람이라면 누구라도 읽을 수 있습니다. 다만 이 책은 데이터 분석 입문까지만 다루므로 관련 전공자 또는 중급자라면 보다 전문적인 교재를 볼 것을 권장합니다.

파이썬을 몰라도 괜찮나요?

입출력이나 for, if, list 정도의 기초 문법만 알면 누구나 볼 수 있습니다. 하지만 컴퓨터 프로그래밍을 한 번도 접해본 적이 없는 사람이라면 부록의 '파이썬 병아리반' 내용을 먼저 볼 것을 추천합니다. 파이썬 기초와 데이터 분석이라는 두 마리 토끼를 한꺼번에 잡을 수 있습니다.

이 책의 구성과 활용법

이 책은 크게 다음과 같이 총 5개의 파트와 부록으로 구성되었습니다.

1 기온 공공데이터 프로젝트
데이터 분석을 위한 환경(아나콘다)을 간단히 설정하고 정부에서 제공하는 CSV 파일 형태의 기온 공공데이터를 받아서 데이터에 질문을 하고 답을 찾습니다.

2 데이터 시각화 기초
기온 공공데이터를 활용해 내 생일의 기온 변화를 시각화하는 등 기본적인 데이터 시각화 방법을 살펴봅니다.

3 인구 공공데이터 프로젝트
인구 공공데이터를 활용해 항아리 모양 그래프, 파이 차트 등 재미있는 형태로 시각화하며 데이터를 분석해 봅니다.

4 대중교통 데이터 프로젝트
대중교통 데이터를 활용해 질문을 던지고 질문의 답을 찾아가는 프로젝트를 경험해 봅니다.

5 파이썬 라이브러리를 활용한 프로젝트
데이터 분석 분야에서 가장 많이 사용되는 numpy, pandas 라이브러리를 활용해 프로젝트를 진행해 봅니다. 하지만 해당 라이브러리를 깊이 있게 다루지는 않으므로 이 책을 마친 후 다음 단계로 향하기 위한 준비 단계라고 생각하기 바랍니다.

부록 파이썬 병아리반
입력과 출력, 변수와 for 반복문, if 조건문, 그리고 리스트까지 책에서 사용되는 파이썬 기초 문법을 간략히 설명합니다.

동영상 강의 안내
- EBS 소프트웨어 교육 플랫폼 이숲(www.ebssw.kr)에서 책과 관련된 내용의 강의를 들을 수 있습니다. 메뉴에서 '배움터 → 데이터 분석 병아리반 with 파이썬'을 선택한 뒤 수강 신청을 누르고 로그인을 하세요.

  ※ 책의 순서와 내용이 완전히 일치하지는 않습니다.
- 유튜브 '리송스쿨'에서 책의 동영상 강의를 볼 수 있습니다.

예제 소스 내려받기 & 활용법

이 책에 나오는 예제 코드와 실습에 필요한 CSV 데이터 파일은 길벗출판사 웹 사이트에서 내려받을 수 있습니다. 코드를 직접 입력하여 결과를 얻는 방식을 권장하지만, 해결하기 어려운 문제라면 완성된 예제 파일을 열어 확인하세요. 윈도(Windows) 10을 기준으로 설명하지만, 맥(macOS)에서도 동일하게 실습할 수 있습니다(실행 환경 설정은 Unit 1을 참고하세요).

❶ 길벗출판사 홈페이지(www.gilbut.co.kr)에 접속하여 검색 창에 도서명을 검색하여 예제 파일을 내려받습니다.

❷ 내PC → 다운로드 폴더에 내려받은 파일의 압축을 풀고 Unit별 파일을 확인합니다.

❸ Unit 1의 내용을 따라 아나콘다를 설치합니다. 아나콘다와 함께 설치된 주피터 노트북을 실행하고 Downloads → data_sample → Unit별 폴더 안에 있는 확장자가 ipynb(IPython notebook)인 파일을 클릭하여 엽니다.

❹ 파일이 열리면 코드가 적힌 셀을 클릭하고 Ctrl + Enter를 누르거나 Run 버튼을 누르면 그 아래에 실행 결과가 표시됩니다.

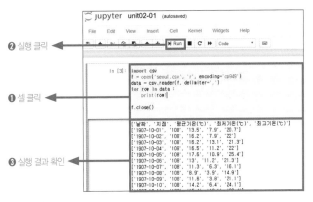

❷ 실행 클릭
❶ 셀 클릭
❸ 실행 결과 확인

목차

첫째 마당 기온 공공데이터

넷째마당　**대중교통 데이터 프로젝트**　157

다섯째 마당 **파이썬 데이터 분석 라이브러리를 활용한 프로젝트** 203

첫 째 마 당

기온 공공데이터

여러분이 오늘 처음 만난 데이터는 무엇인가요? 오늘의 날씨, 도로 위 교통량, 미세먼지 농도 등 우리의 일상은 다양한 데이터로 가득 차 있습니다. 많은 사람이 함께 공유하는 날씨, 환율 등의 데이터뿐만 아니라 수면 시간, 운동 시간 같은 개인 기록도 데이터가 될 수 있습니다. 그중에서도 이 책에서 우리가 첫 번째로 다룰 데이터는 바로 기온 데이터입니다.

기온 데이터 분석 시작하기

DATA ANALYSIS FOR EVERYONE

10.4°

자외선 보통, 바람약함
오존 0.042 보통

여러분은 오늘 집을 나서기 전, 최고 기온 또는 최저 기온이 몇 도인지 확인했나요? 우리는 보통 뉴스나 앱을 통해 날씨와 기온을 확인한 뒤, 그에 따라 옷차림과 세차 여부, 약속 장소 등 다양한 선택을 합니다. 그렇다면 혹시 기상청에서 지역별 평균 기온과 최고 기온, 최저 기온이 기록된 데이터를 제공한다는 사실을 알고 있나요?

이번 시간에는 기온 공공데이터를 어떻게 얻을 수 있는지 알아보고, 데이터 분석을 위한 환경을 설정하겠습니다.

기온 공공데이터 살펴보기

기상청은 기상자료개방포털 홈페이지를 통해 기상 관련 데이터를 무료로 제공합니다.

- 기상자료개방포털 https://data.kma.go.kr

강수량, 전운량, 황사 발생일수 등 기상과 관련된 다양한 데이터가 있지만, 우리는 이 중에서 '지역별 기온 데이터'를 내려받아 사용하겠습니다. 상단 메뉴에서 **기후통계분석 → 기후분석**을 선택합니다.

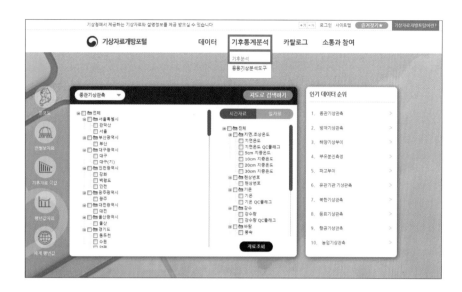

그림 1-1

기상자료개방포털
홈페이지

조건별통계 페이지에서 기온 정보를 알고 싶은 지역과 기간을 설정할 수 있습니다.

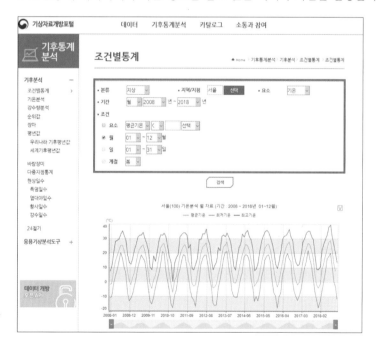

그림 1-2

원하는 지역과 기간을
설정할 수 있음

> **TIP**
> 기간은 1904년부터 검색이 가능하지만, 실제 데이터는 1907년 10월 1일부터 제공됩니다.

공공데이터 홈페이지 주소나 화면이 책과 다른가요?

이 책에서 설명하는 공공데이터 홈페이지의 주소나 접근 방법은 때에 따라 바뀔 수 있습니다. 하지만 제공되는 데이터 형태는 크게 달라지지 않습니다. 만약 달라진다고 하더라도 걱정하지 마세요. 책에서 준비한 질문들을 차근차근 해결하다 보면 스스로 데이터에서 질문을 발견하고, 그 질문의 답을 찾을 수 있는 역량을 기를 수 있을 겁니다.

한 가지 더, 앞으로 공공데이터의 제공 범위는 점차 확대될 것입니다. 따라서 이 책에서 안내하는 데이터 외에도 관심 분야의 공공데이터를 직접 찾아 여러분만의 멋진 프로젝트를 꼭 만들어 보세요!

기온 공공데이터의 예시를 살펴보겠습니다. 뜨거운 열기로 대한민국이 들썩였던 한일 월드컵이 열린 2002년도의 서울 기온을 살펴볼까요? 한일 월드컵이 열렸던 기간은 2002년 5월 31일부터 6월 30일까지입니다. 우리는 2002년 6월 1일부터 6월 30일까지 한 달간의 기온 정보를 조회하겠습니다.

그림 1-3과 같이 '분류'는 **지상**, '지역/지점'은 **서울**, '요소'는 **기온**으로 선택합니다. '기간'은 **일**을 선택한 후 **2002년**으로 설정하고, '조건'의 '월'은 6월, '일'은 1일부터 **30**으로 각각 설정합니다. 설정을 마친 후 **검색** 버튼을 누릅니다.

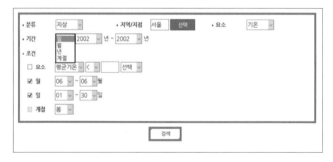

그림 1-3
2002년 6월 1일부터
6월 30일까지의
기온을 검색

그러면 그림 1-4처럼 조건에 맞게 검색된 자료가 그래프와 표로 정리되어 나타납니다.

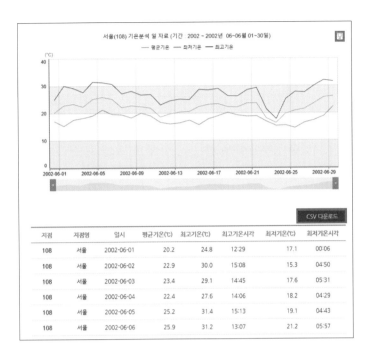

그림 1-4
그래프와 표 형태로
정리된 자료

그래프의 오른쪽 위에 있는 🖫 아이콘을 클릭하면 이미지 파일로 저장할 수 있습니다. 또한, 그래프의 오른쪽 아래에 있는 **CSV 다운로드** 버튼을 클릭하면 CSV (Comma Separated Values) 파일로 저장할 수 있습니다.

CSV 다운로드 버튼을 클릭합니다. 우선 예시로 내려받는 것이니 여러분이 원하는 폴더에 저장해도 괜찮습니다. 여기서는 **다운로드** 폴더에 저장하였습니다.

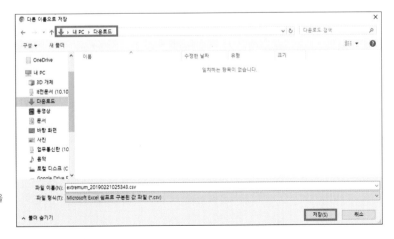

그림 1-5
CSV 다운로드 버튼을
클릭하여 다운로드
폴더에 저장

② CSV 파일이란

CSV는 'Comma-Separated Values'의 약자로 각각의 데이터 값을 콤마(,)로 구분하는 파일 형식입니다. 일상에서는 보통 CSV라는 파일 형식을 접할 기회가 많지 않기 때문에, 데이터 분석과 관련된 일을 하지 않는다면 익숙하지 않을 것입니다. CSV 파일은 정부에서 운영하는 공공데이터포털(www.data.go.kr)이 제공하는 일반적인 파일 형식으로, 데이터 분석 전문가들이 자주 사용하는 파일 형식이기도 합니다. 여기서 다루는 기온 데이터 프로젝트뿐만 아니라 앞으로 나올 프로젝트에서도 데이터를 CSV 파일 형태로 살펴볼 예정입니다.

CSV라는 이름 때문에 자칫 어려워 보이지만, 그렇지 않습니다. 해당 파일을 더블클릭만 해도 엑셀 프로그램에서 열 수 있으며, 엑셀 파일처럼 사용할 수 있습니다.

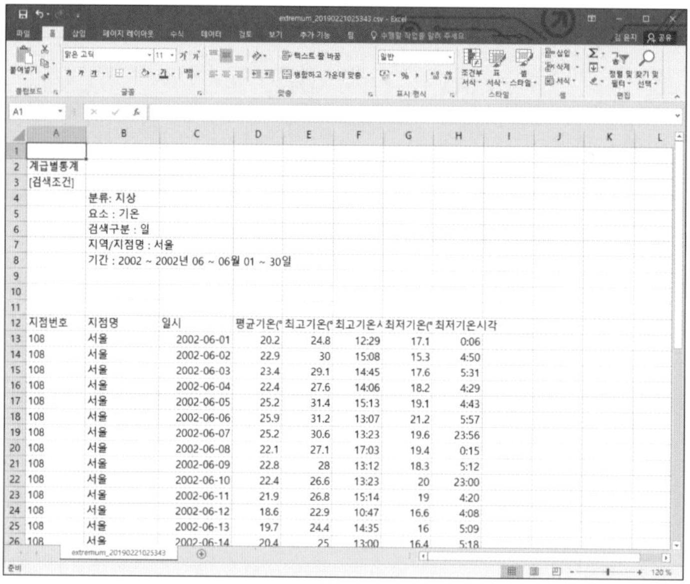

그림 1-6
엑셀 프로그램에서 열어서 엑셀 파일처럼 사용할 수 있는 CSV 파일

또한, 엑셀 프로그램이 없어도 윈도의 기본 프로그램인 '메모장' 같은 텍스트 편집기로도 CSV 파일을 열어 수정하고 생성할 수 있습니다.

앞서 **다운로드** 폴더에 저장한 CSV 파일에 마우스 포인터를 올려 놓고, 오른쪽 버튼을 클릭하여 **연결 프로그램 → 메모장**을 선택하면 CSV 파일을 메모장에서 열 수 있습니다.

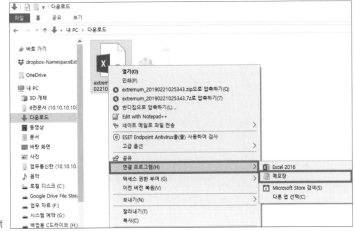

메모장으로 CSV 파일을 열면 데이터가 콤마(,)로 구분되어 있다는 것을 알 수 있습니다.

기존에 갖고 있던 엑셀 파일을 CSV 파일로 변환하기

엑셀 프로그램에서 작성한 파일을 CSV 파일로 쉽게 변환할 수도 있습니다. 엑셀 메뉴에서 **파일 → 다른 이름으로 저장**을 누르고 파일 형식에서 **CSV(쉼표로 분리)**를 선택하세요.

물론, 구글 스프레드시트 같은 클라우드 기반의 스프레드시트 프로그램의 파일도 저장이 가능합니다. 마찬가지로 구글 스프레드 시트 메뉴에서 **파일 → 다른 이름으로 다운로드 → 쉼표로 구분된 값**(csv, 현재 시트)를 선택하면 됩니다.

3 데이터 분석에 필요한 환경 만들기

지금까지 CSV 파일이 무엇인지 간단히 살펴봤습니다. 컴퓨터에서 CSV 파일 데이터를 다루려면 사람의 생각을 컴퓨터가 알아들을 수 있는 언어로 바꿔 줄 명령어가 필요한데, 이때 사용할 수 있는 프로그래밍 언어가 바로 '파이썬(Python)'입니다.

데이터 분석에는 파이썬 외에도 R이나 다른 여러 가지 도구를 쓸 수 있지만, 우리는 파이썬을 사용하도록 하겠습니다. 간결함이 매력적인 언어인 파이썬은 다양한 라이브러리를 활용하여 데이터를 분석하고 시각화하는 데 편리합니다. 하지만 필요할 때마다 라이브러리를 받아 쓰는 것이 다소 번거로울 수 있습니다. 이러한 번거로움을 덜어주는 도구가 바로 '아나콘다'입니다.

아나콘다를 설치하면 파이썬은 물론, 유용한 여러 가지 라이브러리를 간편하게 불러올 수 있습니다. 무엇보다 아나콘다와 함께 설치되는 '주피터 노트북'을 통해 쉽게 코드를 관리하고 결과를 확인할 수 있어, 데이터 분석 도구로 많이 사용됩니다.

그림 1-9
데이터 분석에 사용되는
도구들

> **TIP** '라이브러리' 또는 '주피터 노트북'의 개념이 잘 이해되지 않는다고요? 괜찮습니다. 이 장에서는 아나콘다 배포판을 설치하는 것까지만 알아보고, Unit 2부터 실습을 통해 차근차근 익힐 것입니다. 혹시 파이썬 프로그래밍이 처음이라면 부록의 '파이썬 병아리반'을 먼저 읽고 오세요(275쪽).

① 아나콘다 사이트(https://www.anaconda.com)에 접속하여 오른쪽 위에 있는 Download 버튼을 클릭합니다.

그림 1-10
아나콘다 사이트 접속 후 Download 버튼 클릭

② 아나콘다 배포판 다운로드 페이지가 열리면 스크롤을 내려 내 운영체제에 맞게 파이썬 3.7 버전 인스톨러를 내려받습니다.

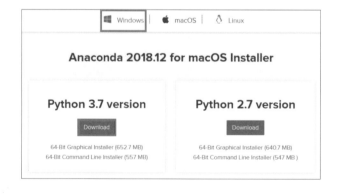

그림 1-11
아나콘다 인스톨러 다운로드

> **TIP** 이 책은 윈도 64비트를 기준으로 합니다. 출간 후 아나콘다 버전이 업데이트될 수 있으나 실습을 진행하는 데 큰 지장은 없습니다.

③ 내려받은 파일을 실행해 다음 화면이 나오면 Next 버튼을 클릭하여 설치를 진행합니다.

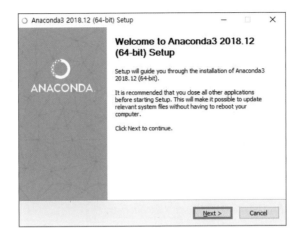

그림 1-12
아나콘다 인스톨러
다운로드

④ 라이선스 동의 화면이 나오면 I Agree 버튼을 클릭합니다.

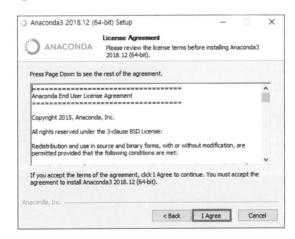

그림 1-13
I Agree 클릭

⑤ 설치 형식을 묻는 창이 나오면 나만 사용할 것이므로 Just Me(recommended)를 선택하고 Next 버튼을 클릭합니다.

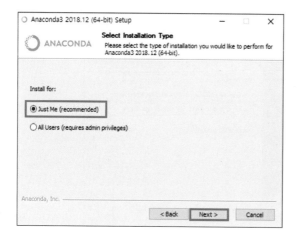

⑥ 설치 위치를 묻는 창이 나오면 기본값으로 두거나 원하는 경로를 지정하고 Next 버튼을 클릭합니다. 이어서 옵션을 설정하는 화면이 나오면 기본값으로 두고 Install 버튼을 클릭합니다.

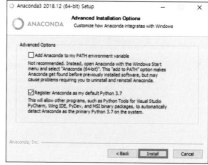

❼ 설치에는 몇 분 정도 소요되며, 다음과 같이 설치가 진행되면 Next 버튼을 클릭합니다. 비주얼 스튜디오 코드를 설치할 지 묻는 창이 뜨면 Skip 버튼을 클릭합니다.

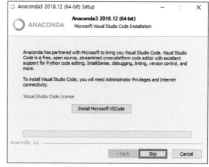

그림 1-16
설치 진행 후 비주얼 스튜디오 코드 설치를 물으면 Skip 버튼 클릭

❽ 설치를 마쳤으면 Finish 버튼을 클릭합니다.

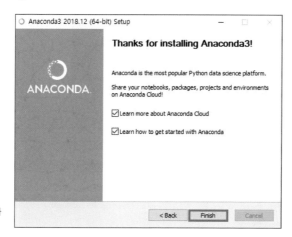

그림 1-17
Finish 버튼을 눌러 아나콘다 설치 완료

이것으로 데이터 분석에 필요한 도구 설치까지 마쳤습니다. 재료와 도구가 준비되었으니 다음 장에서 본격적으로 기온 공공데이터를 다뤄보겠습니다.

잠깐만요

크롬 브라우저를 설치하세요!

이 책의 실습을 진행하려면 구글 크롬 브라우저가 필요합니다. 만약 여러분이 쓰는 컴퓨터에 크롬 브라우저가 설치되어 있지 않다면 Unit 2로 넘어가기 전에 크롬 브라우저를 먼저 설치하세요.

❶ 구글 다운로드 페이지(https://www.google.co.kr/chrome/index.html)에 접속한 다음 Chrome 다운로드 버튼을 누릅니다.

❷ 크롬 서비스 약관을 확인하고 **동의 및 설치** 버튼을 누릅니다.

③ 설치가 완료되면 **닫기** 버튼을 누릅니다. 크롬 브라우저를 작업 표시줄에 고정시켜 놓고 사용하면 편리합니다.

④ 마지막으로 크롬을 기본 브라우저로 설정하겠습니다(크롬이 아닌 다른 브라우저에서는 '주피터 노트북' 프로그램 실행 오류가 발생할 수 있습니다). 크롬 브라우저를 처음으로 열면 나오는 'Chrome이 기본 브라우저로 설정되어 있지 않습니다.' 메시지 옆에 **기본 브라우저로 설정** 버튼을 누릅니다.

UNIT 02 서울의 기온 데이터 분석하기

DATA ANALYSIS FOR EVERYONE

● **실습 데이터** Unit02/unit02-01.ipynb, seoul.csv

1 CSV 파일에서 데이터 읽어오기

파이썬의 CSV 모듈에는 데이터를 읽어오기 위한 reader( ) 함수와 데이터를 저장하기 위한 writer( ) 함수가 있습니다.

- csv.reader( ) : CSV 파일에서 데이터를 읽어오는 함수
- csv.writer( ) : CSV 파일에 데이터를 저장하는 함수

지금부터 본격적으로 reader( ) 함수를 사용하여 CSV 파일에 저장된 데이터를 읽어오는 방법에 대해 알아보겠습니다. 참고로 이 책에서 writer( ) 함수는 다루지 않습니다.

■ CSV 파일 다운로드

① Unit 1에서처럼 기상자료개방포털(https://data.kma.go.kr)의 **기후통계분석 → 기후분석 → 기온분석** 메뉴로 들어가 '기간'은 **1904년 1월 1일**부터 **2019년 1월 17일**까지로 설정하고, '지역'은 **서울**로 설정한 다음 **검색** 버튼을 누릅니다. 그래프가 나오면 **CSV 다운로드** 버튼을 누릅니다.

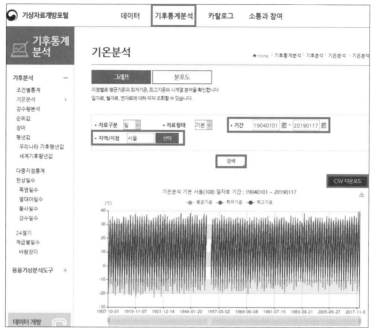

그림 2-1
1907년부터 현재까지의
기온 데이터 다운로드

TIP
이 책을 편집하는 시점인 2019년 1월을 기준으로 설정합니다. 때에 따라 '현재' 시점은 달라질 수 있으니, 처음에는 연습을 위해 책처럼 기간을 설정할 것을 권장합니다.

② 다운로드한 CSV 파일을 엑셀 프로그램으로 열고 데이터 분석에 불필요한 1~7행을 한꺼번에 삭제합니다.

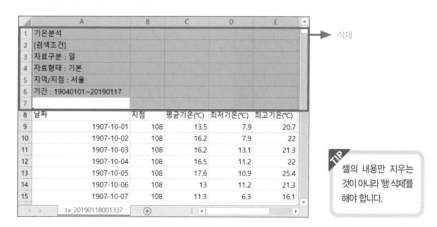

그림 2-2
불필요한 데이터
(1~7행)를 삭제

TIP
셀의 내용만 지우는
것이 아니라 행 삭제를
해야 합니다.

❸ 메뉴에서 **파일 → 다른 이름으로 저장**을 눌러 '파일 이름'을 seoul로 변경하고, '파일 형식'은 CSV(쉼표로 분리)로 설정한 후 기본값인 **다운로드** 폴더에 저장합니다. 이 과정에서 경고창이 떠도 당황하지 말고 **예(Y)** 버튼을 눌러주세요.

그림 2-3
seoul.csv로 저장

■ 주피터 노트북 실행하기

지금부터는 아나콘다가 설치되어 있고 기본 브라우저를 크롬으로 설정했다고 가정하고 실습을 진행하겠습니다. 만약 아직 아나콘다를 설치하지 않았다면 Unit 1을 참고하여 설치를 먼저 진행하세요.

❶ 작업 표시줄의 윈도 키를 눌러서 Anaconda3 폴더의 **Jupyter Notebook** 아이콘을 클릭합니다.

그림 2-4
Anaconda3 폴더의
Jupyter Notebook
클릭

'주피터 노트북'이란?

'주피터 노트북'은 오픈 소스 기반의 웹 애플리케이션으로, 파이썬을 비롯한 40여 개의 프로그래밍 언어로 코드를 작성하고 실행하는 개발 환경을 제공합니다. 파이썬으로 작성한 여러 개의 코드와 실행 결과를 하나의 문서처럼 관리할 수 있으며, 데이터 분석을 위해 여러 종류의 라이브러리를 불러온 후 일부 코드의 실행 결과를 확인할 수 있다는 특징이 있습니다.

기존의 파이썬 IDLE을 사용하는 것과 비교했을 때, 일부 코드의 실행 결과를 확인할 수 있고 문서화하여 다른 사람과 공유하기가 편리하다는 장점이 있습니다. 아나콘다를 설치하면 주피터 노트북을 바로 사용할 수 있습니다.

❷ 검은 창이 뜬 후 자동으로 브라우저가 켜질 때까지 기다립니다. 보통 2~3초 안에 웹 브라우저가 켜지지만, 컴퓨터 환경에 따라 시간이 오래 걸리기도 합니다.

≋ 선택 Jupyter Notebook

```
[I 09:35:43.985 NotebookApp] JupyterLab extension loaded from C:\Users\
woods\Anaconda3\lib\site-packages\jupyterlab
[I 09:35:43.985 NotebookApp] JupyterLab application directory is C:\Users\
woods\Anaconda3\share\jupyter\lab
[I 09:35:43.987 NotebookApp] Serving notebooks from local directory: C:\
Users\woods
[I 09:35:43.987 NotebookApp] The Jupyter Notebook is running at:
[I 09:35:43.987 NotebookApp] http://localhost:8888/?token=4c238c903878d2e2
cc85caf2960dbc766ea9498d217a3417
[I 09:35:43.988 NotebookApp] Use Control-C to stop this server and shut
down all kernels (twice to skip confirmation).
[C 09:35:44.033 NotebookApp]

    To access the notebook, open this file in a browser:
        file:///C:/Users/woods/AppData/Roaming/jupyter/runtime/nbserver-
4000-open.html
    Or copy and paste one of these URLs:
        http://localhost:8888/?token=4c238c903878d2e2cc85caf2960dbc766ea94
98d217a3417
```

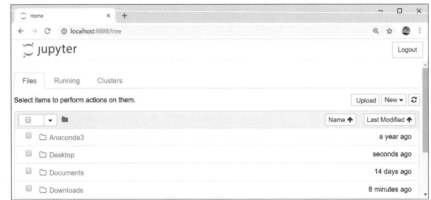

그림 2-5

검은 창이 켜지면서
몇 초 후 자동으로 브라
우저가 실행됨

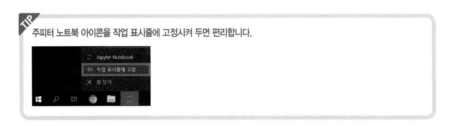

③ 브라우저에서 Downloads 폴더를 선택한 후 오른쪽에 있는 New → Python 3을
클릭하여 새 파이썬 노트북을 생성합니다.

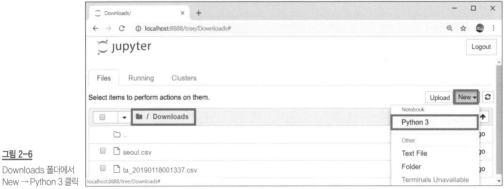

그림 2-6

Downloads 폴더에서
New → Python 3 클릭

④ 노트북의 빈 셀에 다음과 같이 코드를 작성합니다. 코드를 작성하는 칸을 셀(cell)이라고 부릅니다(코드뿐만 아니라 서식이 있는 텍스트도 작성할 수 있지만, 이 책의 범위를 넘어서므로 설명하지 않겠습니다).

그림 2-7
빈 셀에 코드 입력

```
import csv
f = open('seoul.csv', 'r', encoding='cp949')
data = csv.reader(f, delimiter=',')
print(data)
f.close()
```

TIP 이 책에 나오는 예제 소스는 부록 파일로 제공하며 길벗출판사 홈페이지에서 내려받을 수 있습니다. 예제 소스를 내려받아 다운로드 폴더에 복사해서 사용하면 됩니다. 자세한 사용법은 7쪽에 있습니다.

⑤ 코드를 작성하였으면 Untitled라고 써있는 노트북의 이름을 클릭하여 unit02_01로 변경한 후 Rename 버튼을 눌러 저장합니다. 주피터 노트북 파일을 저장할 때에는 반드시 seoul.csv 파일을 저장한 곳과 같은 폴더에 저장해야 한다는 점에 주의하세요!

그림 2-8
노트북의 이름을
unit02-01로 수정

⑥ 상단의 실행 버튼 (▶)을 눌러 코드를 실행합니다.

⑦ 실행 결과를 확인합니다. 혹시 시각적인 어떤 결과가 안 나와서 실망했나요? 이 코드는 CSV 파일 데이터를 읽는 코드이므로, 특별한 실행 결과가 없습니다. 셀 아래에 뜻모를 메시지가 적혀 있는데, 이 데이터가 csv reader 객체(object)라는 정도로 짐작할 수 있습니다.

그림 2-9
주피터 노트북
실행 결과 확인

👆 잠깐만요

CSV 파일과 파이썬 파일의 저장 위치에 유의하세요!

만약 seoul.csv 파일과 파이썬 코드 파일이 저장된 위치가 서로 다를 경우, 다음과 같은 에러 메시지가 나타납니다.

```
FileNotFoundError                         Traceback (most recent call last)
<ipython-input-3-3f86d2c99796> in <module>()
      1 import csv
----> 2 f =open('seoul.csv','r',encoding='cp949')
      3 data = csv.reader(f, delimiter=',')
      4 print(data)

FileNotFoundError: [Errno 2] No such file or directory: 'seoul.csv'
```

파이썬 파일을 실행하면 파이썬 파일이 저장된 폴더에서 CSV 파일을 찾습니다. 그런데 만약 프로그램에서 CSV 파일의 위치를 따로 지정하지 않았는데, 해당하는 CSV 파일이 없다면 프로그램을 실행할 수가 없겠지요. 그래서 에러가 발생하는 것입니다. 따라서 파이썬 파일은 반드시 CSV 파일과 같은 폴더에 저장하기 바랍니다. 책에서는 다운로드 폴더를 기준으로 합니다.

```python
import csv                                          # ❶
f = open('seoul.csv', 'r', encoding='cp949')        # ❷
data = csv.reader(f, delimiter=',')                 # ❸
print(data)                                         # ❹
f.close()                                           # ❺
```

❶ csv 모듈을 불러옵니다.
❷ csv 파일을 open( ) 함수로 열어서 f(파일 핸들러라고도 부릅니다)에 저장합니다.
❸ f를 reader( ) 함수에 넣어 data라는 csv reader 객체를 생성합니다.
❹ data를 출력합니다.
❺ ❷에서 연 파일을 닫습니다.

이 코드에서 다음 문장이 조금 어렵게 느껴질 수도 있는데요.

```python
f = open('seoul.csv', 'r', encoding='cp949')
data = csv.reader(f, delimiter=',')
```

이 두 줄을 해석해 보면, 첫 번째 줄은 seoul.csv 파일을 읽기 모드(read)로 읽어오되 cp949라는 형식(Windows 한글 인코딩 방식)으로 읽어오라는 의미입니다. 두 번째 줄은 첫 번째 줄 코드를 통해 읽어온 CSV 파일 데이터를 콤마(,)를 기준으로 분리해서 저장하라는 의미입니다. 여기서 delimiter는 '구분자'라는 뜻입니다. 복잡해 보이지만, 이는 파이썬에서 기본으로 지정한 기본값이므로 생략이 가능합니다. 기본값을 생략하면 다음과 같이 간단히 쓸 수 있습니다.

```python
f = open('seoul.csv')
data = csv.reader(f)
```

훨씬 간단해졌네요. 앞으로 이 책에서는 계속 윈도의 기본 인코딩 방식으로 데이터를 활용할 것이므로 이처럼 기본값을 생략하고 간단하게 표현하겠습니다. 하지만 경우에 따라 다른 인코딩 형식을 지정해야 할 때도 있다는 것을 기억하세요.

잠깐만요

윈도가 아닌 다른 운영체제를 사용할 경우

만약 macOS, 리눅스 등 윈도우가 아닌 다른 운영체제에서 이 책에서 제공하는 예제 데이터를 사용할 경우에는 encoding='cp949' 부분을 반드시 입력해야 합니다. 반대로 다른 운영체제에서 작성된 CSV 파일을 윈도 운영체제에서 다룰 때는 encoding='utf8'이라고 작성해야 한글 문자가 깨지지 않습니다. 여기에서 utf8은 UTF-8을 의미하며, 이는 어느 국가의 문자라도 표현할 수 있도록 만든 유니코드를 표시하는 문자 인코딩 방식 중 하나입니다.

2 데이터 출력하기

for 반복문을 사용하면 CSV 파일에 저장된 데이터를 한 줄씩 읽어올 수 있습니다. 기존 코드에서는 print(data)로 파일에 저장된 데이터 전체를 출력했는데, 이번에 작성할 코드에서는 CSV 파일에 저장된 데이터를 한 줄씩 출력합니다.

앞서 작성한 unit02-01의 코드를 다음과 같이 수정합니다(수정된 부분을 굵게 표시했습니다).

```
import csv
f = open('seoul.csv', encoding='cp949')
data = csv.reader(f)
for row in data :
    print(row) ──▶ 4칸 들여쓰기에 주의하세요!
f.close()
```

['날짜', '지점', '평균기온(℃)', '최저기온(℃)', '최고기온(℃)']

['1907−10−01', '108', '13.5', '7.9', '20.7']

['1907−10−02', '108', '16.2', '7.9', '22']

['1907−10−03', '108', '16.2', '13.1', '21.3']

['1907−10−04', '108', '16.5', '11.2', '22']

(생략)

TIP 1907년부터 현재까지의 데이터를 출력하므로 실행 결과가 나오기까지 시간이 걸릴 수 있습니다.

여기서는 몇 가지 유의할 점이 있습니다. 실행 결과로 나온 데이터를 자세히 살펴볼까요?

첫 번째 포인트는 각 행의 데이터가 대괄호([ ])로 둘러싸여 있다는 것입니다. 대괄호로 둘러싸인 데이터를 무엇이라고 하나요? 네, '리스트'입니다. 따라서 각 행의 데이터는 리스트의 특성을 활용해 인덱싱과 슬라이싱을 할 수 있습니다.

TIP '인덱싱'과 '슬라이싱'이 무엇인지 모른다면, 부록 '파이썬 병아리반'을 읽고 오세요(297쪽).

두 번째 포인트는 각 행의 데이터가 작은따옴표(')로 둘러싸여 있다는 것입니다. 이는 각 행의 데이터가 문자열 데이터(string)로 이루어져 있음을 의미합니다. 따라서 나중에 기온의 크기를 비교하려면 실수(float) 형태로 변환해야 합니다.

세 번째 포인트는 실행 결과로 출력된 긴 데이터를 모두 살펴봐야 알 수 있는 내용인데요. 조금 더 자세히 살펴보면 이 데이터에는 누락된 날짜가 있습니다. 예를 들어, 1950년 9월 1일의 데이터는 평균기온, 최저기온, 최고기온 데이터가 빈칸으로 되어 있습니다. 왜 데이터가 누락된 것일까요?

서울의 기온 데이터는 왜 누락되었을까요?

실행 결과

```
....
['1950-08-29', '108', '23.1', '16.8', '30.4']
['1950-08-30', '108', '24.6', '18', '32.6']
['1950-08-31', '108', '25.4', '20.1', '32.5']
['1950-09-01', '108', '', '', '']  ──→ 기온 데이터가 누락됨!
['1950-09-02', '108', '', '', '']
(생략)
['2017-10-12', '108', '11.4', '8.8', '']
...
```

이런 경우 데이터가 누락된 시기를 고려해 보면 그 이유를 알 수 있습니다. 1950년대 데이터가 누락된 이유는 6.25 전쟁 당시 데이터가 수집되지 않아서로 추측해 볼 수 있습니다. 그렇다면 2017년 10월 12일의 최고기온 데이터는 왜 누락되었을까요?

이 경우는 앞서 살펴본 상황처럼 모든 데이터가 누락된 것이 아니고, 비교적 최신 자료이므로 값을 입력하는 과정에서 생긴 오류로 추측할 수 있습니다. 이렇게 데이터는 완전무결한 것이 아니라는 점을 꼭 기억하여 데이터를 맹신하지 않기를 바랍니다.

3 헤더 저장하기

이번에는 수많은 데이터를 다룰 때 표지판과 같은 역할을 하는 헤더를 저장해볼까요? '헤더(header)'는 데이터 파일에서 여러 가지 값들이 어떤 의미를 갖는지 표시한 행을 말합니다. 많은 경우, 헤더는 데이터의 첫 번째 줄의 위치하여 두 번째 줄부터 나타나는 데이터의 속성을 설명합니다. 헤더를 통해 각 열의 데이터가 어떤 의미를 갖는지 알 수 있기 때문에 매우 중요한 데이터입니다. 헤더를 별도로 저장하려면 next( ) 함수를 사용할 수 있습니다.

주피터 노트북에서 만든 unit02_01 파일에서 + 버튼을 눌러 새로운 셀을 생성한 후 다음과 같이 입력해 봅시다.

> **TIP**
> 주피터 노트북의 코드는 셀 단위로 구분하여 작성할 수 있습니다. 각 셀의 왼쪽 옆에는 In[숫자] 형식의 태그가 생성됩니다. 주피터 노트북에서 같은 셀의 내용을 수정한 후 다시 실행해 볼 수 있고, 같은 파일 안에 다른 셀을 만들어 일부 코드 수정 후 실행해 볼 수도 있습니다.

```
import csv
f = open('seoul.csv')
data = csv.reader(f)
header = next(data)        # ❶
print(header)              # ❷
f.close()
```

실행 결과

```
['날짜', '지점', '평균기온(℃)', '최저기온(℃)', '최고기온(℃)']
```

코드를 살펴볼까요? ❶에서 header라는 변수에 헤더 데이터 행을 저장합니다. 그리고 ❷에서 header라는 변수를 출력합니다. 즉, next() 함수를 사용하여 데이터의 첫 번째 행이 header라는 변수에 저장된 것을 실행 결과를 통해 확인할 수 있습니다.

next() 함수는 첫 번째 데이터 행을 읽어오면서 데이터의 탐색 위치를 다음 행으로 이동시키는 명령입니다. 그렇다면 이 코드는 데이터의 몇 번째 줄부터 출력하는지 주피터 노트북에서 다음 코드를 실행해 봅시다.

앞서 작성한 코드와의 차이를 확인하기 위해 새로운 셀을 만들어 코드를 작성해 봅시다.

```
import csv
f = open('seoul.csv')
data = csv.reader(f)
header = next(data)
for row in data :
    print(row)
f.close()
```

실행 결과

```
['1907-10-01', '108', '13.5', '7.9', '20.7']
['1907-10-02', '108', '16.2', '7.9', '22']
(생략)
```

네, 이번에는 ['날짜', '지점', '평균기온(℃)', '최저기온(℃)', '최고기온(℃)'] 부터 출력되지 않고 다음(next)행인 두 번째 행부터 출력되는 것을 확인할 수 있습니다.

4 기온 공공데이터에 질문하기

지금까지 CSV 파일을 어떻게 다루는지 알아보았습니다. 아직 익숙하지 않더라도 이 책의 대부분 프로젝트에서 CSV 파일을 다루기 때문에 곧 익숙해질 것입니다. 그럼 지금부터 기온 공공데이터를 살펴보면서 질문을 해 볼까요?

책에서는 지면 관계상 데이터의 일부만 보여주지만, 여러분은 내려받은 *seoul.csv* 파일을 엑셀 프로그램에서 열어서 서울 지역의 기온 데이터를 한번 천천히 살펴보길 바랍니다.

	A	B	C	D	E
1	날짜	지점	평균기온(°C)	최저기온(°C)	최고기온(°C)
2	1907-10-01	108	13.5	7.9	20.7
3	1907-10-02	108	16.2	7.9	22
4	1907-10-03	108	16.2	13.1	21.3
5	1907-10-04	108	16.5	11.2	22
6	1907-10-05	108	17.6	10.9	25.4
7	1907-10-06	108	13	11.2	21.3
8	1907-10-07	108	11.3	6.3	16.1
9	1907-10-08	108	8.9	3.9	14.9
10	1907-10-09	108	11.6	3.8	21.1
11	1907-10-10	108	14.2	6.4	24.1
12	1907-10-11	108	15.4	10.1	20.4
13	1907-10-12	108	13.9	11.1	17.4

그림 2-10
서울 지역의 기온 데이터

이 책에서는 다음 두 가지 가설을 전제합니다.

- 데이터 분석은 내가 관심 있는 데이터에 대한 호기심에서 출발한다.
- 나와 직접적으로 관련이 있는 매력적인 데이터를 살펴보면 궁금증이 생긴다.

여러분은 생활과 관련된 기온 데이터를 보면서 어떤 궁금증이 생겼나요?

아직은 데이터를 보는 것이 익숙하지 않아서 '데이터를 보고 질문이 생긴다는 것'이 어떤 의미인지 모를 수도 있습니다. 하지만 앞으로 비슷한 패턴으로 다양한 데이터를 접하다 보면 어느새 데이터를 바라보며 질문을 하고 있는 자신을 발견하게 될 겁니다.

저는 이 데이터를 살펴보면서 이런 질문들이 떠올랐습니다. 여러분이 떠올린 질문이 있다면 한번 적어보세요.

서울이 가장 더웠던 날은 언제였을까? 얼마나 더웠을까?
일교차가 가장 큰 시기는 1년 중 언제쯤일까?
겨울에는 언제 가장 추울까? 12월? 1월? 2월?
가장 덥다고 알려진 대구보다 서울이 더 더운 날이 1년 중 얼마나 있을까?

여러분은 혹시 이 질문에 대한 답을 알고 있나요? 제가 만나본 사람 중에는 이 질문에 대한 정확한 답을 아는 사람이 한 명도 없었습니다. 우리는 앞으로 이 질문에 대한 답을 데이터에서 찾을 겁니다. 그러나 지금 찾게 될 답도 영원한 정답은 아닐 것입니다. 데이터가 달라지면 답이 바뀔 수 있으니까요.

그렇지만 여러분은 데이터가 달라져도 새로운 답을 찾을 수 있을 겁니다. 왜냐하면 우리는 물고기를 먹는 법이 아니라 낚시하는 방법을 배울 거니까요.

서울이 가장 더웠던 날은 언제였을까

DATA ANALYSIS FOR EVERYONE

◉ **실습 데이터** Unit03/unit03-01.ipynb, seoul.csv

혹시 친구와 만나기로 한 약속 장소에서 서로를 찾지 못해 헤맸던 경험이 있나요? "○○ 건물 카페에서 만나!"라고 했는데, 건물에 카페가 여러 개일 수도 있고, 카페 안에서 기다려야 할지, 카페 밖에서 기다려야 할지 몰라 고민됐던 적이 있었을 것입니다. 이럴 때 "○○ 건물 1층에 있는 □□ 카페 안에서 만나"라고 한다면 조금 더 명확하게 이해할 수 있었겠지요.

이처럼 대화를 나눌 때는 서로 오해하지 않도록 명확하게 말하는 것이 중요합니다. 마찬가지로 데이터를 살펴보며 궁금한 점을 떠올릴 때도 그렇습니다. 궁금한 점을 질문 형태로 자유롭게 생각하되, 그 질문은 답을 찾을 수 있을 정도로 구체적이고 명확해야 합니다. 만약 질문이 명확하지 않다면 이를 구체적이고 명확한 형태로 다듬어야 합니다.

또한 우리가 가진 데이터만으로 질문에 대한 답을 찾을 수 있는지도 확인해야 합니다. 만약 현재 가진 데이터로 충분하지 않다면, 질문을 해결하는 데 필요한 데이터를 추가로 수집해야 합니다.

1 질문 다듬기

서울이 가장 더웠던 날은 언제였을까? 얼마나 더웠을까?

이 질문은 구체적이고 명확한 질문일까요? 먼저 '가장 더웠던 날'의 기준을 어떻게 설정할 수 있을까요? 기온, 습도, 풍속 등 다양한 요소가 '더웠던 날'을 결정하는 데 영향을 미치겠지만, 여기에서는 우리가 갖고 있는 기온 데이터로만 해결할 수 있게 '서울의 최고 기온이 가장 높았던 날'로 질문을 수정하는 것이 좋겠습니다.

기상 관측 이래, 서울의 최고 기온이 가장 높았던 날은 언제였고, 몇 도였을까?

그러면 6. 25 전쟁 중 측정하지 못했던 기간이나 실수로 기록이 누락된 날 등은 데이터가 없어서 알 수 없는 부분이므로 질문에 따로 반영하지는 않겠습니다.

이렇게 질문을 다듬는 과정은 질문하는 사람의 판단에 따라 달라질 수 있습니다. 만약 여러분이 '가장 더웠던 날'의 기준을 그 날의 '최고 기온, 습도, 풍속' 데이터를 종합적으로 고려하고 싶다면 질문을 수정하여 데이터를 추가로 수집할 수 있겠죠?

결국 가장 중요한 것은 여러분의 호기심입니다. 정말 궁금한 것이 있다면 스스로 답을 찾아보세요!

2 문제 해결 방법 구상하기

그러면 이제부터 본격적으로 우리의 호기심을 해결해 보겠습니다. 먼저 문제를 해결하기 위한 방법을 생각해 봅시다.

우선 CSV 파일에 저장된 서울의 기온 데이터를 읽어와야 합니다. 앞에서 살펴본 것처럼 '날짜', '지점코드', '평균기온', '최저기온', '최고기온'이 CSV 파일에 저장되어 있습니다. 이 중에서 질문을 해결하는 데 필요한 데이터는 '날짜'와 '최고기온' 데이터입니다.

	A	B	C	D	E
1	날짜	지점	평균기온(℃)	최저기온(℃)	최고기온(℃)
2	1907-10-01	108	13.5	7.9	20.7
3	1907-10-02	108	16.2	7.9	22
4	1907-10-03	108	16.2	13.1	21.3
5	1907-10-04	108	16.5	11.2	22
6	1907-10-05	108	17.6	10.9	25.4
7	1907-10-06	108	13	11.2	21.3
8	1907-10-07	108	11.3	6.3	16.1
9	1907-10-08	108	8.9	3.9	14.9
10	1907-10-09	108	11.6	3.8	21.1
11	1907-10-10	108	14.2	6.4	24.1
12	1907-10-11	108	15.4	10.1	20.4
13	1907-10-12	108	13.9	11.1	17.4

그림 3-1
질문에 필요한 데이터는 '날짜'와 '최고 기온'

질문에 대한 답을 찾기 위해, 첫 번째 행에 있는 데이터부터 마지막 행에 있는 데이터까지 순차적으로 최고 기온 값을 확인합니다. 그리고 최고 기온이 가장 높은 날짜의 데이터를 별도의 저장 공간, 즉 변수에 저장합니다. 마지막에 저장된 날짜와 최고 기온 데이터를 출력하면 답을 알 수 있을 겁니다.

이를 문제 해결 방법으로 정리하면 다음과 같습니다.

1│ 데이터를 읽어온다.

2│ 순차적으로 최고 기온을 확인한다.

3│ 최고 기온이 가장 높았던 날짜의 데이터를 저장한다.

4│ 최종 저장된 데이터를 출력한다.

이제부터 문제 해결 방법을 파이썬 코드로 표현하겠습니다. 문제 해결 방법을 코드로 표현하다 보면 문제 해결 방법을 구상할 때 생각하지 못했던 오류가 발생할 수도 있고, 예외 상황에 대해 처리해야 하는 경우도 생깁니다. 하지만 그런 상황에서도 문제의 원인을 잘 생각해 보면 분명히 해결할 수 있습니다.

3 파이썬 코드로 구현하기

주피터 노트북을 열고 File → New Notebook → Python 3을 눌러 새 파일을 만든 후 unit03-01로 이름을 수정하고 다음과 같이 코드를 작성합니다.

```python
import csv
f = open('seoul.csv')
data = csv.reader(f)
header = next(data)
for row in data :
    print(row)
f.close()
```

> **TIP**
> 리스트는 대괄호([ ])로, 문자열은 작은따옴표(')로 둘러싸여 있습니다.

현재 최고 기온 데이터는 숫자 값이 아닌 문자열이기 때문에, 값을 더하거나 크기를 비교할 수 없습니다. 숫자로 다루려면 숫자 타입(type) 데이터로 변환을 해 주어야 합니다. 최고 기온 데이터는 '20.7', '21.3'처럼 소수점이 있는 실수이므로 float() 함수를 사용하여 실수(float) 데이터로 변환해 봅시다.

```python
import csv
f = open('seoul.csv')
data = csv.reader(f)
header = next(data)
for row in data :
    row[-1] = float(row[-1])   # 최고 기온을 실수로 변환
    print(row)
f.close()
```

최고 기온 데이터의 위치는 리스트 맨 뒤이므로 row[-1]로 접근할 수 있습니다. 또는 앞에서 5번째에 있으므로 row[4]로 접근해도 됩니다. 수정하고 다시 실행해 볼까요?

실행 결과

```
['1907-10-01', '108', '13.5', '7.9', 20.7]
['1907-10-02', '108', '16.2', '7.9', 22.0]
['1907-10-03', '108', '16.2', '13.1', 21.3]
['1907-10-04', '108', '16.5', '11.2', 22.0]
(생략)
['1950-08-31', '108', '25.4', '20.1', 32.5]
_____
ValueError                      Traceback (most recent call last)
⟨ipython-input-14-e9fa1ccfd42f⟩ in ⟨module⟩()
      4 header = next(data)
      5 for row in data :
----〉 6     row[-1] = float(row[-1])
```

```
    7    print(row)
    8 f.close()


ValueError: could not convert string to float:
```

최고 기온에 작은따옴표가 사라진 것을 확인할 수 있습니다. 그런데 스크롤을 내려 실행 결과를 확인하다 보니, 1950년 8월 31일 데이터가 출력된 이후 에러가 발생했습니다. 왜 이런 오류가 발생했을까요?

에러 메시지를 살펴보니 "ValueError: could not convert string to float:(문자열을 실수로 변환할 수 없다)"라고 에러의 원인을 알려줍니다. 에러가 발생한 위치의 CSV 파일을 확인해 보면 1950년 9월 1일의 데이터인 것을 알 수 있습니다.

실행 결과

['1950–09–01', '108', '', '', ''] ➡ 기온 데이터가 누락됨

문자열(string) 형태의 최고 기온 데이터를 실수(float) 형태로 바꾸던 중 빈 문자열('')을 어떤 실수 값으로 바꿔야 할지 몰라서 오류가 발생한 것입니다. 그러면 이 오류를 어떻게 해결하면 좋을까요?

여러 가지 방법이 있지만, 여기에서는 빈 값을 대체할 특정 값을 정해 넣어보겠습니다. 즉, 최고 기온 값으로 나오기 힘든 아주 작은 값인 –999를 넣어 '이 데이터는 빈 문자열이 있던 자리야'라고 표현하겠습니다.

```python
import csv
f = open('seoul.csv')
data = csv.reader(f)
header = next(data)
for row in data :
    if row[-1] == '' :
```

```
            row[-1] = -999       # -999를 넣어 빈 문자열이 있던 자리라고 표시
        row[-1] = float(row[-1])
        print(row)
f.close()
```

실행 결과를 확인해 보니 최근 데이터까지 모두 실수 형태로 잘 출력된 것을 볼 수 있습니다.

실행 결과

```
['1907-10-01', '108', '13.5', '7.9', 20.7]
['1907-10-02', '108', '16.2', '7.9', 22.0]
(생략)
['2019-01-14', '108', '1.4', '-2.4', 5.3]
['2019-01-15', '108', '-1.7', '-7.2', 2.6]
['2019-01-16', '108', '-5.2', '-10.1', -1.1]
['2019-01-17', '108', '-0.3', '-3.2', 4.0]
```

문자열을 실수로 변환하는 것까지 데이터 정리를 마쳤습니다. 이제 최고 기온이 가장 높았던 날은 언제이며, 몇 도였는지 알아보겠습니다. 규칙 없이 섞여 있는 데이터 중에서 가장 큰 값을 찾으려면 어떻게 해야 할까요?

바로 '탐색'과 '비교'의 과정을 거쳐야 합니다. 먼저 기준이 되는 값을 설정하고, 기준값과 새로운 값을 비교한 후, 기준값보다 더 큰 값이 나타나면 기준값을 업데이트해야 합니다. 이 과정에서 '기준이 되는 값'을 저장할 공간인 '변수'가 필요합니다.

우리가 찾는 것은 최고 기온이 가장 높은 날의 날짜와 그 날의 기온 값입니다. 따라서 최고 기온 값을 모두 비교하면서, 최고 기온이 가장 높은 날의 날짜와 그 기온 값을 저장할 변수가 필요합니다.

다음과 같이 최고 기온을 저장할 변수인 max_temp을 만들고, 최고 기온이 가장 높은 날의 날짜를 저장할 변수인 max_date를 만듭니다.

```python
import csv
max_temp = -999       # 최고 기온 값을 저장할 변수
max_date = ''         # 최고 기온이 가장 높았던 날짜를 저장할 변수
f = open('seoul.csv')
(생략)
```

여기서 변수 max_temp의 초깃값을 -999로 지정했습니다. 그렇다면 max_temp의 초깃값은 꼭 -999여야 할까요?

아닙니다. 상식에 따르면 최고 기온은 분명히 30도가 넘을 것이므로 30 또는 35 정도로 해도 괜찮습니다. 변수 max_date의 경우, 날짜는 작은따옴표('')로 둘러싸인 문자열 값이므로 빈 문자열로 초깃값을 설정했습니다.

이제 데이터를 탐색하며 max_temp에 저장된 최고 기온보다 더 높은 최고 기온을 발견하면 저장된 값을 업데이트하도록 코드를 추가하겠습니다. 이런 문장을 코드로 바꾸는 것이 익숙한 사람도 있겠지만, 아직 프로그래밍에 익숙하지 않은 사람을 위해, 먼저 말로 표현해 보겠습니다. 그러면 코드로 쉽게 바꿀 수 있거든요!

```
만약 지금까지의 최고 기온 값보다 현재 행(row)의 최고 기온 값이 더 크다면
    최고 기온 날짜 업데이트
    최고 기온 값 업데이트
```

그리고 이 표현을 파이썬 코드로 옮기면 다음과 같습니다.

```
if max_temp < row[-1] :
    max_date = row[0]
    max_temp = row[-1]
```

방금 가장 중요한 코드를 작성하였습니다. 이제 결과를 출력하는 것만 남았습니다. 과연 몇 년, 몇 월, 몇 일에 최고 기온이 가장 높았을지 코드 맨 아래에 print( ) 함수를 작성하여 출력해 봅시다.

```
(생략)
f.close()
print(max_date, max_temp)
```

실행
결과

2018-08-01 39.6

네, 정답은 39.6도였던 2018년 8월 1일이었네요. 불과 얼마 전까지만 해도 정답은 38.4도를 기록했던 1994년 7월 24일이었는데, 기록이 경신되었습니다.
만약 결과를 조금 더 친절하게 보여주고 싶다면 print( ) 함수를 다음과 같이 수정하면 됩니다.

```
print('기상 관측 이래 서울의 최고 기온이 가장 높았던 날은',max_date+'
로,', max_temp,'도 였습니다.')
```

기상 관측 이래 서울의 최고 기온이 가장 높았던 날은 2018-08-01로, 39.6도였습니다.

이번 시간에는 CSV 파일에 저장된 기온 공공데이터에서, 서울의 최고 기온이 가장 높았던 날은 언제였으며, 몇 도였는지 알아보았습니다. 이번 프로젝트에서는 서울 지역의 기온 데이터만을 활용했지만, 서울이 아닌 다른 지역의 기온 데이터를 불러와 같은 방식으로 코드를 작성하면 모든 지역에 대한 데이터를 분석해 볼 수 있습니다.

물론 이번 프로젝트의 경우 엑셀과 같은 다른 프로그램을 사용해도 질문에 대한 답을 쉽게 찾을 수 있습니다. 하지만 이번에 배운 내용을 바탕으로 앞으로 더 재미있고 복잡한 문제들을 해결할 수 있게 될 겁니다.

서울의 기온이 가장 높았던 날의 날짜와 기온 구하기

```
import csv                  # CSV 모듈 불러오기
f = open('seoul.csv')       # seoul.csv 파일 읽기 모드로 불러오기
data = csv.reader(f)
header = next(data)         # 맨 윗줄을 header 변수에 저장하기
max_temp = -999             # 최고 기온을 저장할 변수 초기화
max_date = ''               # 최고 기온이었던 날짜를 저장할 변수 초기화
```

```
for row in data :
    if row[-1] == '' :          # 만약 데이터가 누락되었다면 최고 기온을 -999로 저장
        row[-1] = -999
    row[-1] = float(row[-1])    # 문자열로 저장된 최고 기온 값을 실수로 변환
    if max_temp < row[-1] :     # 만약 지금까지 최고 기온보다 더 높다면 업데이트
        max_date = row[0]
        max_temp = row[-1]
f.close()                       # 파일 닫기
print('기상 관측 이래 서울의 최고 기온이 가장 높았던 날은',max_date+'
로,', max_temp,'도 였습니다.')   # 출력
```

기상 관측 이래 서울의 최고 기온이 가장 높았던 날은 2018-08-01로, 39.6도 였습니다.

둘째 마당

데이터 시각화 기초

지금까지는 행과 열로 이루어진 CSV 파일을 데이터로 다루었습니다. 둘째마당에서는 본격적으로 데이터를 시각화하는 방법을 알아보겠습니다. 데이터를 그래프로 표현하면 텍스트로 표현했을 때보다 데이터를 직관적으로 이해할 수 있습니다. 우선 데이터가 변화하는 흐름을 한눈에 파악할 수 있어 현재 상황을 이해하기 쉬울 뿐 아니라, 앞으로의 변화 추이까지 예측할 수 있게 도와줍니다. 또한, 데이터의 여러 속성들 간 상관관계에 대한 통찰을 제공하기도 하고, 데이터의 통계적인 속성도 한눈에 알 수 있습니다.

UNIT 04
기본 그래프 그리기

◉ **실습 데이터** Unit04/unit04-01.ipynb

1 'matplotlib 라이브러리'란?

파이썬으로 데이터를 시각화하는 데는 matplotlib라는 라이브러리를 가장 많이 사용합니다. matplotlib 라이브러리는 파이썬에서 2D 형태의 그래프, 이미지 등을 그릴 때 사용하는 것으로, 실제 과학 컴퓨팅 연구 분야나 인공지능 연구 분야에서도 많이 활용됩니다. 하지만 matplotlib에 관해서만 책 한 권 이상의 분량이 나올 정도로 내용이 방대하기 때문에 이 책에서는 matplotlib 라이브러리의 여러 기능 중 아주 기초적인 일부만을 다룹니다. 만약 matplotlib에 대해 더 자세히 알고 싶다면 matplotlib 홈페이지에 소개된 예제 또는 튜토리얼을 참고하기 바랍니다.

* matplotlib 홈페이지 https://matplotlib.org

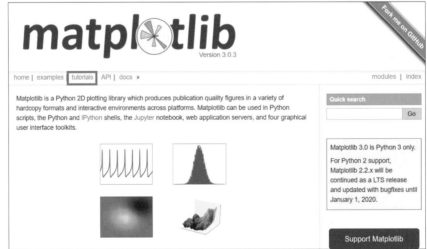

그림 4-1

matplotlib 라이브러리
홈페이지

matplotlib 라이브러리 안에는 다양한 모듈들이 있는데요, 우리는 그중 pyplot 이라는 모듈을 주로 사용할 것입니다.

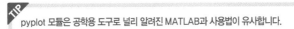

그러면 먼저 라이브러리를 불러오겠습니다. matplotlib 라이브러리에 속한 pyplot 모듈을 다음과 같이 불러올 수 있습니다.

```
import matplotlib.pyplot
```

그런데 matplotlib.pyplot은 이름이 너무 길고 복잡해 보이네요. 앞으로는 이 라이브러리를 임포트할 때 plt라는 별명(alias)을 사용하겠습니다.

```
import matplotlib.pyplot as plt
```

2 기본 그래프 그리기

먼저 간단한 그래프를 그리는 코드와 실행 결과를 살펴보겠습니다.

첫 번째 그래프입니다. 여기에서는 plot() 함수에 한 개의 리스트가 입력되었습니다. plot() 함수는 직선 또는 꺾은신 형대의 그래프를 그릴 때 사용할 수 있는 명령어입니다.

```
import matplotlib.pyplot as plt
plt.plot([10, 20, 30, 40])
plt.show()
```

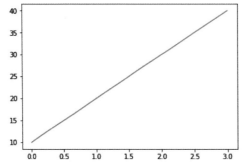

그림 4-2
한 개의 리스트를 입력했
을 때 실행 결과

그래프가 잘 나왔나요? plot( ) 함수에 입력된 리스트는 x축 값일까요, y축 값일
까요?

그림 4-2를 자세히 보면, 입력한 리스트의 값이 y축 값으로 입력되며, x축 값은
자동으로 0부터 1씩 증가하는 정수로 입력되는 것을 알 수 있습니다.

두 번째 그래프를 그려 볼까요? 이번에는 plot( ) 함수에 두 개의 리스트가 콤마
(,)로 구분되어 입력되었습니다. 각각 어떤 데이터를 의미하는지 생각해 보세요.

```
import matplotlib.pyplot as plt
plt.plot([1,2,3,4], [12, 43, 25, 15])
plt.show()
```

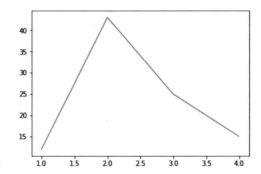

그림 4-3

두 개의 리스트를
입력했을 때 실행 결과

TIP 만약 x축 데이터와 y축 데이터의 개수가 맞지 않으면 다음과 같은 에러가 발생합니다.

ValueError: x and y must have same first dimension, but have shapes (4,) and (3,)

plot() 함수에 입력된 두 개의 리스트 중 어떤 것이 x축 값일까요? 두 개의 리스트를 입력했을 때는 첫 번째 리스트가 x축 값이고, 두 번째 리스트가 y축 값으로 입력됩니다.

plot 함수에 기본 그래프를 그리려면 보통 다음 세 단계를 거쳐야 합니다.

1│ import matplotlib.pyplot as plt: 라이브러리 불러오기
2│ plt.plot([x축 데이터], [y축 데이터]): plot() 함수에 데이터 입력하기
3│ plt.show(): 그래프 보여주기

잠깐만요

혹시 그래프가 그려지지 않나요?

만약 그림 4-3처럼 그래프가 그려지지 않는다면 다음 중 하나에 해당하는지 확인하세요.

❶ 코드를 작성하고 있는 셀이 In[*]과 같이 실행 중이라는 표시가 나타난다면 Alt + Tab 을 눌러 별도의 창이 떠 있는지 확인하세요.

```
In [*]:   import matplotlib.pyplot as plt
          plt.plot([10, 20, 30, 40])
          plt.show()
```

만약 별도의 창이 아니라 주피터 노트북 화면 안에서 그래프를 보고 싶다면 코드 맨 위에 다음 코드를 입력하세요.

```
% matplotlib inline
```

일반적으로는 위와 같이 코드를 입력하지 않아도 주피터 노트북 안에서 그래프가 잘 그려집니다.

❷ 실행 결과에 〈matplotlib.figure.Figure at 0x7f46529a5ef0〉과 같은 텍스트 메시지가 나온다면 코드를 한 번 더 실행해 보세요. 그래프가 보일 것입니다.

```
In [2]:   %matplotlib inline
          import matplotlib.pyplot as plt
          plt.plot([10, 20, 30, 40])
          plt.show()
```

3 그래프에 옵션 추가하기

지금까지 그래프의 가장 기본적인 기능만 활용해서 데이터를 시각화했습니다. 이번에는 그래프에 제목, 레이블과 같은 기본적인 옵션을 추가하겠습니다.

■ 그래프에 제목 넣기

그래프에 제목(title)이 있으면 어떤 그래프인지 더 알아보기 쉽겠죠?

제목을 넣는 함수는 title() 함수입니다. 따라서 plot.title('제목에 넣을 문자열')과 같이 명령을 입력하면 제목이 보입니다. 여기서는 여러 개의 점을 연속해서 찍는다는 의미의 plotting이라는 제목을 넣겠습니다.

```python
import matplotlib.pyplot as plt
plt.title('plotting')
plt.plot([10, 20, 30, 40])
plt.show()
```

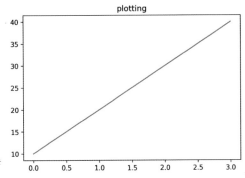

TIP 제목은 영어로 넣어주세요. 한글을 지원하는 폰트 설정이 이루어지지 않아 제목에 한글을 넣으면 글자가 깨집니다. 한글을 표시하는 방법은 뒤에서 다루겠습니다(73쪽).

■ 그래프에 범례 넣기

이번에는 그래프가 의미하는 바를 구별할 수 있도록 범례(legend)를 넣어보겠습니다.

범례는 보통 두 개 이상의 데이터를 표시할 때 사용합니다. 예를 들어, '가'라는 책의 월별 대출 횟수 그래프와 '나'라는 책의 월별 대출 횟수 그래프처럼 2개의 그래프가 하나의 좌표 평면에 표현되었을 때, '가'는 노란색, '나'는 초록색으로 표현되었음을 범례로 알릴 수 있습니다.

범례를 넣기 위해 plot() 함수를 사용할 텐데요. plot() 함수에 label이라는 속성의 레이블 값으로 원하는 문자열을 넣어주고, 그래프를 그리기 전에 legend() 함수를 실행시키면 레이블 값이 범례로 나타납니다. 두 가지 범례를 넣으려면 plot() 함수를 두 개 사용하면 되겠지요.

```python
import matplotlib.pyplot as plt
plt.title('legend')
plt.plot([10, 20, 30, 40], label='asc')      # 증가를 의미하는 asc 범례
plt.plot([40, 30, 20, 10], label='desc')     # 감소를 의미하는 desc 범례
plt.legend()
plt.show()
```

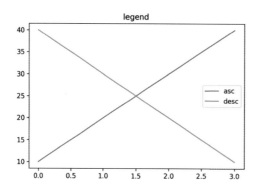

그림 4-5
범례 실행 결과

 잠깐만요

범례 위치를 직접 지정하려면

범례의 위치는 자동으로 결정되지만, 직접 지정할 수도 있습니다. 다음과 같이 legend() 함수 안의 loc이라는 속성에 값을 넣어주면 됩니다.

```python
plt.legend(loc = 5)
```

이때 loc에 들어갈 숫자는 원하는 위치에 따라 0~10까지 넣을 수 있습니다.

1은 오른쪽 상단, 2는 왼쪽 상단, 3은 왼쪽 하단, 4는 오른쪽 하단, 5는 오른쪽, 6은 왼쪽 중간, 7은 오른쪽 중간, 8은 중앙 하단, 9는 중앙 상단, 10은 정중앙, 0은 그래프에 따라 자동으로 위치를 선정합니다.

2	9	1
6	10	5, 7
3	8	4

■ 그래프 색상 바꾸기

matplotlib 라이브러리에서는 그래프의 색상을 직접 지정할 수 있습니다. 원하는 색상으로 바꾸려면 다음과 같이 color 속성을 간단히 추가하면 됩니다. color 속성을 생략하면 자동으로 색상이 설정됩니다.

```python
import matplotlib.pyplot as plt
plt.title('color')    # 제목 설정
# 그래프 그리기
plt.plot([10, 20, 30, 40], color='skyblue', label='skyblue')
plt.plot([40, 30, 20, 10], 'pink', label='pink')
plt.legend()     # 범례 표시
plt.show()
```

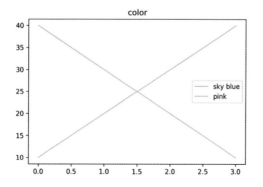

그림 4-6
그래프 색상 적용 결과

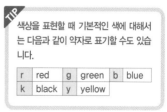

TIP

색상을 표현할 때 기본적인 색에 대해서는 다음과 같이 약자로 표기할 수도 있습니다.

| r | red | g | green | b | blue |
| k | black | y | yellow | | |

■ 그래프 선 모양 바꾸기

plot( ) 함수는 기본적으로 직선으로 그래프를 그립니다. 그래프의 선 모양(line style)을 다양한 형태로 바꾸고 싶을 때는 linestyle 속성에 원하는 선 모양을 지정하면 됩니다. 이때 linestyle 속성 대신 ls라고 작성할 수도 있습니다.

```python
import matplotlib.pyplot as plt
plt.title('linestyle')   # 제목 설정
# 빨간색 dashed 그래프
plt.plot([10, 20, 30, 40], color='r', linestyle='--', label='dashed')
# 초록색 dotted 그래프
plt.plot([40, 30, 20, 10], color='g', ls=':', label='dotted')
plt.legend( )   # 범례 표시
plt.show( )
```

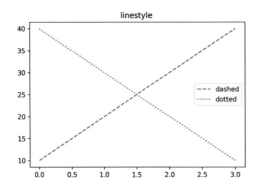

그림 4-7
선 모양 변경 결과

> **TIP** 색과 선 모양을 '〈색상〉〈선모양〉'을 동시에 적는 형태로 코드를 작성할 수도 있습니다.
> plt.plot([1,2,3,4], 'r--')

■ 마커 모양 바꾸기

plot( ) 함수에 marker 속성을 설정하면 선 형태가 아닌 점 형태로 그래프를 그릴 수 있습니다. 이때 색상과 마커(marker) 모양을 한번에 설정할 수도 있습니다. 마커 모양으로는 선, 점, 동그라미, 삼각형, 별 모양 등 여러 가지가 있습니다. 예를 들어, 다음 코드에서 'r.'의 마침표(.)는 점 모양의 마커, 'g^'의 ^는 삼각형 모양의 마커를 의미합니다

```python
import matplotlib.pyplot as plt
plt.title('marker')   # 제목 설정
plt.plot([10, 20, 30, 40], 'r.', label='circle')   # 빨간색 원형 마커 그래프
# 초록색 삼각형 마커 그래프
plt.plot([40, 30, 20, 10], 'g^', label='triangle up')
plt.legend()   # 범례 표시
plt.show()
```

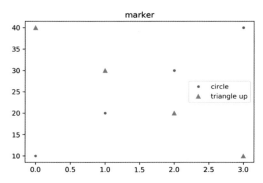

그림 4-8
마거 모양을 변경한 결과

> **TIP**
> 마찬가지로 색상과 선 모양과 마커 모양을 동시에 설정하고 싶을 때는 '〈색상〉〈마커모양〉〈선모양〉'순으로 코드를 작성할 수도 있습니다.
> plt.plot([1,2,3,4], 'r.--')

UNIT 05 내 생일의 기온 변화를 그래프로 그리기

DATA ANALYSIS FOR EVERYONE

◉ **실습 데이터** Unit05/unit05-01.ipynb, seoul.csv

1 데이터에 질문하기

여러분의 생일은 언제인가요? 그날 날씨는 어땠을까요? 시원한 바람이 부는 맑은 날씨였나요, 아니면 기록적인 한파가 기승을 부리던 날이었나요? 여러분이 태어난 날부터 지금까지 매년 생일의 최고 기온을 그래프로 그린다면 어떤 모양일까요? 만약 지금까지 생일의 최고 기온을 꺾은선 그래프로 표현하면 기온이 계속 상승하는 모양일까요?

이 장에서는 데이터에서 발견한 이런 질문들을 서울의 기온 공공데이터를 활용해서 해결해 보겠습니다.

■ 데이터 읽어오기

먼저 서울의 기온 데이터를 읽어와서 한 줄씩 출력하겠습니다.

```python
import csv
f = open('seoul.csv')
data = csv.reader(f)

for row in data :
    print(row)
```

> **TIP**
> Unit 5부터는 실행 결과에 영향을 주지 않을 경우 f.close() 함수를 생략하겠습니다.

['날짜', '지점', '평균기온(℃)', '최저기온(℃)', '최고기온(℃)']

['1907−10−01', '108', '13.5', '7.9', '20.7']

['1907−10−02', '108', '16.2', '7.9', '22']

['1907−10−03', '108', '16.2', '13.1', '21.3']

['1907−10−04', '108', '16.5', '11.2', '22']

(생략)

잠깐만요

맥이나 리눅스 운영체제를 사용하고 있나요?

만약 여러분의 운영체제가 윈도가 아닌 맥이나 리눅스라면 Unit05−01 코드 둘째 줄에 다음과
같이 인코딩 관련 코드를 추가하세요. Unit 2에서 보았듯이 cp949는 Windows 한글 인코딩 방
식을 의미합니다. 따라서 윈도가 아닌 맥이나 리눅스라면 한글 인코딩 방식을 지정해야 한글이
깨지지 않고 출력됩니다.

```
f = open('seoul.csv', encoding = 'cp949')
```

이제 데이터의 맨 윗줄에 있는 헤더 부분을 next() 함수를 사용해 제외시킨 후,
최고 기온 데이터만 출력하겠습니다.

```
import csv
f = open('seoul.csv')
data = csv.reader(f)
next(data)

for row in data :
    print(row[-1])
```

```
20.7
22
21.3
22
(생략)
```

■ 데이터 리스트에 저장하기

이제 최고 기온 데이터를 저장하겠습니다. 최고 기온 데이터를 날짜 순으로 저장
하고자 result라는 리스트를 하나 만듭니다. 그리고 최고 기온 데이터가 존재하
는 날의 최고 기온 데이터를 result 리스트에 저장합니다.

```python
import csv
f = open('seoul.csv')
data = csv.reader(f)
next(data)
result = []                                    # 최고 기온 데이터를 저장할 리스트 생성

for row in data :
    if row[-1] != '' :                         # 최고 기온 데이터 값이 존재한다면
        result.append(float(row[-1]))  # result 리스트에 최고 기온 값 추가
print(result)
```

[20.7, 22.0, 21.3, 22.0, 25.4, 21.3, 16.1, 14.9, 21.1, 24.1, 20.4, 17.4, 21.3, 20.6, 20.9, 20.2, 21.6, 20.9, 21.3, 22.7, 19.9, … (생략)]

데이터가 정말 많네요! 몇 개인지 len( ) 함수를 활용해 데이터의 개수를 확인해 볼까요?

```
...
print(len(result))
```

39463

39000여 개의 데이터가 있다는 것을 확인할 수 있습니다.

>
> 서울 기온 데이터를 저장할 때 지정한 날짜 기준에 따라 조금씩 차이가 있을 수 있습니다(15쪽 참고).

2 데이터 시각화하기

이제 최고 기온 데이터를 꺾은선 그래프로 표현해 보겠습니다. 그래프를 그리려면 먼저 matplotlib 라이브러리를 임포트해야 합니다. 그런 다음 plot( ) 함수에 데이터를 넣고 show( ) 함수로 보여주면 완성입니다. 최고 기온이니 '뜨거움'을 나타내는 빨간색으로 그래프를 표현해 볼까요?

```
import csv
import matplotlib.pyplot as plt
(생략)
plt.plot(result, 'r')          # result 리스트에 저장된 값을 빨간색 그래프로 그리기
plt.show()                     # 그래프 나타내기
```

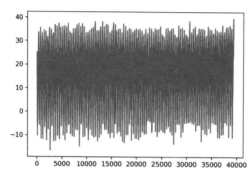

그림 5-1
최고 기온 데이터를 꺾은
선 그래프로 나타낸 모습

그런데 4만 개에 가까운 최고 기온 데이터를 모두 꺾은선 그래프로 표현했더니, 이 그래프가 무엇을 의미하는지 파악하기가 어렵네요. 이번에는 어떤 특정한 날의 데이터만 뽑아서 그래프로 그려보겠습니다.

잠깐만요

그래프 크기 조절하기

그래프가 너무 뭉쳐서 보기가 어렵나요? figure() 함수의 figsize 속성 값을 변경하여 그래프의 크기를 조절할 수 있습니다. figsize=(가로 길이, 세로 길이) 형식으로 크기를 설정할 수 있으며, 단위는 인치(inch)입니다. 참고로 1인치(inch)는 2.54센티미터(cm)입니다.

다음과 같이 그래프의 크기를 설정해서 가로 길이를 늘려주면 조금 더 보기가 좋을 것입니다.

```
plt.figure(figsize = (10,2))      # 가로로 10인치, 세로로 2인치로 설정
```

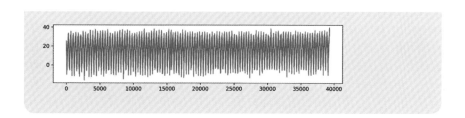

3 날짜 데이터 추출하기

파이썬이 제공하는 문자열 함수 중 split()는 사용자가 설정하는 특정 문자를 기준으로 문자열을 분리합니다. 다음 예시 코드를 볼까요?

```
s = 'hello python'
print(s.split())
```

```
['hello', 'python']
```

코드를 실행하면 ['hello', 'python']이라는 리스트가 출력됩니다. 여기서 알 수 있듯이 split() 함수는 사용자가 설정하는 특정 문자가 없다면 기본적으로 공백 문자를 기준으로 문자열을 분리합니다.

사용자가 분리할 문자를 직접 지정할 경우, 공백이 아닌 해당 문자를 기준으로 문자열을 분리합니다. 예를 들어 '1907-10-01' 같은 형태의 날짜 데이터를 '-'을 기준으로 분리하면 다음과 같이 출력됩니다.

```
date ='1907-10-01'
print(date.split('-'))
```

['1907', '10', '01']

여기에 리스트의 인덱싱 기능을 활용하면 날짜의 연, 월, 일을 각각 추출할 수 있습니다.

```
print(date.split('-')[0])
print(date.split('-')[1])
print(date.split('-')[2])
```

```
1907
10
01
```

자, 이제 split( ) 함수를 사용해 1년 중 여름의 정점인 8월의 최고 기온 데이터만 추출해서 그래프로 그려볼까요? 그래프의 색은 핫핑크로 설정하겠습니다.

```
for row in data :
    if row[-1] != '' :                        # 최고 기온 값이 존재한다면
        if row[0].split('-')[1] == '08' :     # 8월에 해당하는 값이라면
            result.append(float(row[-1]))     # result 리스트에 최고 기온 값 추가
plt.plot(result, 'hotpink')        # result 리스트에 저장된 값을 hotpink 색으로 그리기
plt.show()                         # 그래프 나타내기
```

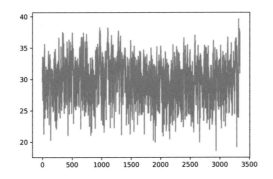

그림 5-2
8월의 최고 기온
데이터를 핫핑크색
그래프로 나타낸 결과

TIP
다음 링크에 접속하면 다양한 색
상의 이름을 확인할 수 있습니
다. hotpink 외에 deeppink,
lightpink 등 여러분이 원하는 색
상으로 수정해 보세요.

• http://bit.ly/2U5toVX

8월 데이터만 모아서 그래프로 나타내니 훨씬 간결합니다. 하지만 이 그래프에
서 어떤 의미를 찾기에는 여전히 복잡한 것 같습니다. 그렇다면 매년 돌아오는
생일을 기준으로 그래프를 그려봅시다. 다음 코드는 매년 2월 14일의 최고 기온
데이터를 추출하여 그래프로 나타낸 것입니다.

```python
for row in data :
    if row[-1] != '' :
        if row[0].split('-')[1] == '02' and row[0].split('-')[2] == '14' :
            result.append(float(row[-1]))
```

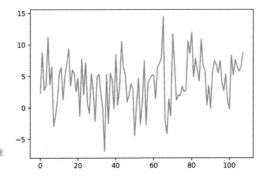

그림 5-3
매년 생일(2월 14일)의
최고 기온 데이터를 그래
프로 나타낸 결과

특정한 날을 기준으로 데이터를 추출하니 100개 이상의 데이터가 있다는 것을 알 수 있습니다. 지난 100년 간 2월 14일의 온도 변화를 한눈에 볼 수 있습니다. 그래프 모양을 관찰하니 최근 들어 점점 기온이 높아졌는데요. 그래프만으로 정확한 원인을 알기는 어렵지만, 지구 온난화 또는 여러 가지 다양한 원인으로 인해 예전보다 기온이 상승했을 것으로 추측할 수 있습니다.

조금 더 자세히 살펴보기 위해 1983년 이후 데이터만 추출해서 그래프로 그려 보겠습니다. 또한, 최고 기온뿐만 아니라 최저 기온 데이터도 함께 나타내 봅시다.

```python
import csv
import matplotlib.pyplot as plt

f = open('seoul.csv')
data = csv.reader(f)
next(data)
high = []         # 최고 기온 값을 저장할 리스트 high 생성
low = []          # 최저 기온 값을 저장할 리스트 low 생성

for row in data :
    if row[-1] != '' and row[-2] != '' : # 최고 기온 값과 최저 기온 값이 존재한다면
        if 1983 <= int(row[0].split('-')[0]) :   # 1983년 이후 데이터라면
            if row[0].split('-')[1] == '02' and row[0].split('-')[2] == '14' :                       # 2월 14일이라면
                high.append(float(row[-1])) # 최고 기온 값을 high 리스트에 저장
                low.append(float(row[-2])) # 최저 기온 값을 low 리스트에 저장

plt.plot(high, 'hotpink')   # high 리스트에 저장된 값을 hotpink 색으로 그리기
plt.plot(low, 'skyblue')    # low 리스트에 저장된 값을 skyblue 색으로 그리기
plt.show()                  # 그래프 나타내기
```

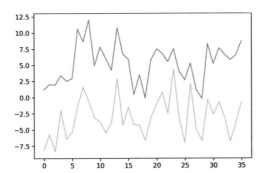

그림 5-4

1983년 이후 2월 14일의 최고 기온과 최저 기온을 추출한 그래프

최근 3~40년 동안 내 생일의 기온을 나타낸 그래프에서 어떤 의미를 찾을 수 있을까요? 제목과 범례 등 다양한 내용을 추가하여 생일 기온 그래프를 조금 더 꾸며봅시다.

잠깐만요

평균 기온이 상승하는 그래프 표현 생각하기!

실행 결과를 보면 최고 기온은 핫핑크색으로, 최저 기온은 연한 하늘색으로 표현하였습니다. 그렇다면 다음과 같은 형태로 평균 기온이 상승하고 있음을 알 수 있는 그래프는 어떻게 표현할 수 있을까요? 한번 고민해 보세요!

Unit 4에서 배웠던 그래프에 제목을 넣는 title( ) 함수를 사용하겠습니다. 제목을 한글로 넣으면 글자가 깨지는 문제가 발생하기 때문에 한글 폰트를 설정하는 코드도 함께 작성해 봅시다. plt.show( ) 문장 앞에 다음 코드를 추가합니다.

```
plt.rc('font', family ='Malgun Gothic')
plt.title('내 생일의 기온 변화 그래프')
```

TIP
Malgun Gothic은 '맑은 고딕' 글꼴을 뜻합니다. 만약 macOS 운영체제를 사용하고 있다면 AppleGothic이라고 쓰면 됩니다(둘 다 띄어쓰기에 주의하세요).

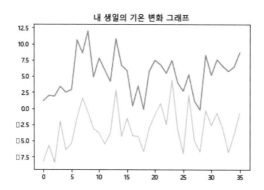

그림 5-5
제목을 추가한 결과

제목은 잘 나왔는데 그래프의 세로축을 보니 마이너스 기호(−)가 깨진 것을 볼 수 있습니다. 다음 코드 한 줄을 추가하면 제대로 결과가 나올 것입니다.

```
plt.rcParams['axes.unicode_minus'] = False
```

다음은 이 장의 전체 코드를 보기 좋게 정리한 것입니다. split() 함수를 반복해서 사용했던 것을 data라는 리스트로 처리한 것에 주목하세요.

```
import csv
import matplotlib.pyplot as plt


f = open('seoul.csv')
data = csv.reader(f)
next(data)
high = []      # 최고 기온 값을 저장할 리스트 high 생성
low = []       # 최저 기온 값을 저장할 리스트 low 생성


for row in data :
    if row[-1] != '' and row[-2] != '' : # 최고 기온 값과 최저 기온 값이 존재한다면
        date = row[0].split('-')    # 날짜 값을 - 문자를 기준으로 구분하여 저장
        if 1983 <= int(date[0]) :   # 1983년 이후 데이터라면
            if date[1] == '02' and date[2] == '14' : # 2월 14일이라면
                high.append(float(row[-1])) # 최고 기온 값을 high 리스트에 저장
                low.append(float(row[-2])) # 최저 기온 값을 low 리스트에 저장


plt.rc('font', family='Malgun Gothic')      # 맑은 고딕을 기본 글꼴로 설정
plt.rcParams['axes.unicode_minus'] = False  # 마이너스 기호 깨짐 방지
plt.title('내 생일의 기온 변화 그래프')          # 제목 설정
# high 리스트에 저장된 값을 hotpink 색으로 그리고 레이블을 표시
plt.plot(high, 'hotpink', label='high')
# low 리스트에 저장된 값을 skyblue 색으로 그리고 레이블을 표시
plt.plot(low, 'skyblue', label='low')
plt.legend()            # 범례 표시
plt.show()              # 그래프 나타내기
```

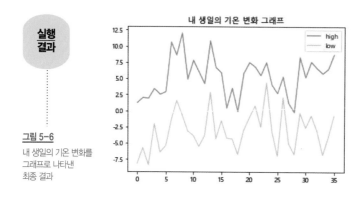

그림 5-6
내 생일의 기온 변화를
그래프로 나타낸
최종 결과

이 코드를 참고하여 여러분의 생년월일을 기준으로 데이터를 추출하여 그래프를 그려보세요. 그리고 제목, 범례, 그래프 색도 원하는 대로 바꿔보기 바랍니다.

UNIT 06 기온 데이터를 다양하게 시각화하기

DATA ANALYSIS FOR EVERYONE

◉ **실습 데이터** Unit06/unit06-01.ipynb, seoul.csv

1 데이터에 질문하기

이 그림은 무엇을 나타낼까요?

그림 6-1
보는 관점에 따라 토끼
또는 오리로 보인다

오른쪽을 바라보는 토끼로 보이나요? 아니면 왼쪽을 바라보는 오리로 보이나요? 같은 그림이라도 보는 관점에 따라 다르게 느껴질 수 있듯이, 데이터도 보는 관점에 따라 다르게 해석될 수 있습니다.

Unit 5에서 봤던 이 그래프를 기억하나요?

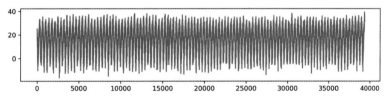

그림 6-2
꺾은선 그래프로 나타낸
서울의 최고 기온 그래프

서울의 최고 기온 데이터 전체를 꺾은선 그래프로 나타낸 것이었습니다. 하지만 이 그래프만 봐서는 특별한 정보를 얻을 수 없었습니다. 만약 서울의 최고 기온 데이터를 꺾은선 그래프가 아닌 다른 형태로 시각화했다면 어땠을까요?

이번 시간에는 히스토그램과 상자 그림으로 데이터를 시각화하면서 데이터의 다양한 특성을 알아보겠습니다.

2 히스토그램

■ hist() 함수

히스토그램은 자료의 분포 상태를 직사각형 모양의 막대 그래프로 나타낸 것으로, 데이터의 빈도에 따라 높이가 결정됩니다. Unit 4~5에서는 plot() 함수를 사용하여 꺾은선 그래프를 그렸듯이 hist() 함수를 사용하면 데이터를 히스토그램을 그릴 수 있습니다.

```
import matplotlib.pyplot as plt
plt.hist([1,1,2,3,4,5,6,6,7,8,10])
plt.show()
```

hist() 함수에 입력된 데이터를 보면 1과 6이 두 개씩 있고, 9를 제외한 나머지 데이터는 한 개씩, 그리고 9는 아예 없습니다. 이를 히스토그램으로 나타내면 그림 6-3과 같습니다.

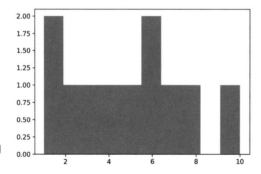

그림 6-3
hist() 함수로 나타낸 히스토그램

1과 6에 해당하는 막대의 높이는 2이고, 9에 해당하는 막대의 높이는 0, 나머지 숫자에 해당하는 막대의 높이는 1인 것을 확인할 수 있습니다.

■ 주사위 시뮬레이션

기온 데이터를 히스토그램 형태로 시각화하기에 앞서 히스토그램 표현을 연습해 보겠습니다. 임의의 수를 뽑는 랜덤 함수를 활용해 간단한 주사위 시뮬레이션을 만들겠습니다.

그림 6-4
주사위 시뮬레이션

주사위 시뮬레이션은 다음과 같은 과정으로 진행합니다.

❶ 주사위를 굴린다.

❷ 나온 결과를 기록한다.

❸ ❶~❷ 과정을 n번 반복한다.

❹ 주사위의 눈이 나온 횟수를 히스토그램으로 그린다.

주사위 굴리는 것을 시뮬레이션하기 위해 random 모듈의 randint() 함수를 사용합니다. 다음 코드가 실행되면 1~6 중 하나의 숫자가 무작위로 출력됩니다.

```
import random
print(random.randint(1, 6))
```

실행 결과

```
4
```

TIP
randint(a,b)를 실행하면 a 이상 b 이하의 정수 중 하나의 숫자를 무작위로 선택합니다. 무작위 수이므로 실행 결과는 책과 다를 수 있습니다.

주사위를 여러 번 굴리는 상황을 시뮬레이션하기 위해 for 반복문을 사용하고, 생성된 랜덤 숫자는 dice라는 이름의 리스트에 순서대로 저장합시다. 먼저 주사위를 5번 던진 상황을 생각해서 다음과 같이 코드를 작성합니다.

```
import random
dice = []
for i in range(5) :
    dice.append(random.randint(1,6))
print(dice)
```

실행 결과

```
[2, 4, 6, 1, 6]
```

이제 5개의 숫자가 저장된 dice 리스트를 히스토그램으로 표현하겠습니다. 여기에서 bins 옵션은 가로축의 구간 개수를 설정하는 속성이라고 생각하면 됩니다.

```
import matplotlib.pyplot as plt
(생략)
plt.hist(dice, bins=6)
plt.show()
```

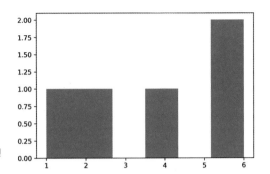

그림 6-5
주사위 시뮬레이션을
히스토그램으로 나타낸
결과

실행 결과를 보니 3, 5에 해당하는 막대의 높이는 0이고 1, 2, 4에 해당하는 막대의 높이는 1, 마지막으로 6에 해당하는 막대의 높이는 2입니다. 즉, dice 리스트에 저장된 값의 빈도에 따라 막대의 높이가 다른 것을 알 수 있습니다. 프로그램을 실행할 때마다 무작위로 숫자가 뽑히기 때문에 그래프는 리스트에 저장된 값에 따라 달라집니다.

이번에는 주사위를 100번 굴린 결과를 시뮬레이션해보겠습니다. 주사위 눈의 수는 1부터 6까지이므로 특정 값이 나올 확률은 1/6입니다. 그렇다면 주사위를 100번 굴렸을 때 각 값이 약 16번씩(100*1/6=16.667) 골고루 나올까요? 코드로 확인해 봅시다.

```
for i in range(100) :        # 5를 100으로 수정합니다.
```

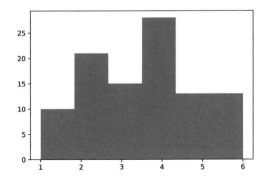

그림 6-6
주사위를 100번 던진
결과를 시뮬레이션한
히스토그램 그래프

결과를 보니 1~6까지의 수 중 각 값이 나온 빈도가 꽤 차이 나는 것을 확인할 수 있습니다. 특히 1이 나온 빈도와 4가 나온 빈도는 2배 이상 차이를 보입니다. 그렇다면 주사위를 던지는 반복 횟수를 100만 번 정도로 늘려보면 어떤 결과가 나올까요?

```
for i in range(1000000) :      # 100을 1000000으로 수정합니다.
```

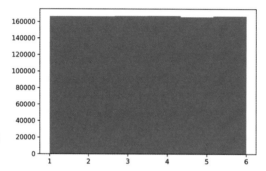

그림 6-7
주사위를 100만 번 던진
결과를 시뮬레이션한
히스토그램 그래프

반복 실행 횟수가 1~6까지 거의 1/6씩(1000000/6 = 166666.66) 균등한 빈도로 나온 것을 확인할 수 있습니다.

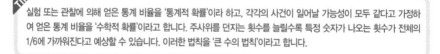

TIP
실험 또는 관찰에 의해 얻은 통계 비율을 '통계적 확률'이라 하고, 각각의 사건이 일어날 가능성이 모두 같다고 가정하여 얻은 통계 비율을 '수학적 확률'이라고 합니다. 주사위를 던지는 횟수를 늘릴수록 특정 숫자가 나오는 횟수가 전체의 1/6에 가까워진다고 예상할 수 있습니다. 이러한 법칙을 '큰 수의 법칙'이라고 합니다.

3 기온 데이터를 히스토그램으로 표현하기

데이터를 히스토그램으로 표현하는 방법에 익숙해졌나요? 이번에는 1907년부터 2018년까지 수집된 서울의 기온 데이터를 히스토그램으로 표현해 보겠습니다. 먼저 모든 최고 기온 데이터를 추출하여 히스토그램으로 표현해 볼까요? 색은 빨간색으로, 구간은 100개로 나누겠습니다.

```python
import csv
import matplotlib.pyplot as plt

f = open('seoul.csv')
data = csv.reader(f)
next(data)
result = []

for row in data :
    if row[-1] != '' :
        result.append(float(row[-1]))

plt.hist(result, bins=100, color='r')    # 히스토그램으로 나타내기
plt.show()
```

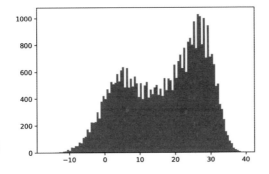

<u>그림 6-8</u>
1907~2018년 동안
서울의 기온 데이터를
히스토그램으로 표현한
결과

그래프 모양을 보니 마치 혹이 두 개 달린 낙타 등처럼 보입니다. 겨울과 여름 계절의 패턴이 이렇게 나타난 걸까요? 이번에는 8월 데이터만 뽑아서 히스토그램으로 그려보겠습니다.

```
import csv
import matplotlib.pyplot as plt

f = open('seoul.csv')
data = csv.reader(f)
next(data)
aug = []                                      # 8월의 최고 기온 값을 저장할 aug 리스트 생성

for row in data :
    month = row[0].split('-')[1]    # -로 구분된 값 중 2번째 값을 month에 저장
    if row[-1] != '' :
        if month == '08':                    # 8월달이라면
            aug.append(float(row[-1]))  # aug 리스트에 최고 기온 값 추가

plt.hist(aug, bins=100, color='r')
plt.show()
```

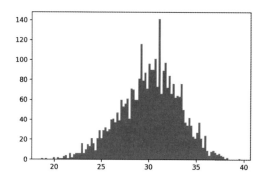

그림 6-9

8월 데이터만 뽑아서
히스토그램으로 나타낸
결과

매년 8월 데이터를 히스토그램으로 표현하니 종 모양(또는 수학 시간에 배웠던
정규 분포 그래프)처럼 나타납니다. 역대 8월에는 최고 기온이 30도 정도였던 날
이 가장 많았고, 최고 기온이 20도 이하이거나 40도에 가까웠던 적은 거의 없었
다는 것을 쉽게 알 수 있습니다.

```
import csv
import matplotlib.pyplot as plt

f = open('seoul.csv')
data = csv.reader(f)
next(data)

aug = []                                    # 8월의 최고 기온 값을 저장할 aug 리스트 생성
jan = []                                    # 1월의 최고 기온 값을 저장할 jan 리스트 생성

for row in data :
    month = row[0].split('-')[1]   # -로 구분된 값 중 2번째 값을 month에 저장
    if row[-1] != '' :
        if month == '08':                   # 8월달이라면
            aug.append(float(row[-1]))   # aug 리스트에 최고 기온 값 추가
        if month == '01':                   # 1월달이라면
            jan.append(float(row[-1]))   # jan 리스트에 최고 기온 값 추가

plt.hist(aug, bins=100, color='r', label='Aug')
plt.hist(jan, bins=100, color='b', label='Jan')
plt.legend()
plt.show()
```

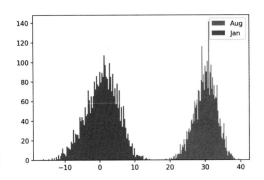

그림 6-10

1월과 8월의 데이터를
히스토그램으로 나타낸
결과

한눈에 봐도 빨간색으로 표현된 8월의 히스토그램은 20~40 범위에, 파란색으로
표현된 1월의 히스토그램은 -10~10 범위 안에 표현된 것을 알 수 있습니다. 빨
간색 히스토그램과 파란색 히스토그램이 나타난 범위는 서로 다르지만, 둘 다 종
모양의 그래프입니다. 이처럼 같은 데이터에서 어떤 내용을 추출하여, 어떤 방법
으로 시각화하느냐에 따라 새로운 정보를 발견할 수 있습니다. 1월과 8월 외에
궁금한 달이 있다면 직접 코드를 수정하여 궁금증을 풀어보는 건 어떨까요?

 4 **기온 데이터를 상자 그림으로 표현하기**

이번에는 데이터를 상자 그림(boxplot) 형태로 시각화해보겠습니다. 상자 그림은
가공하지 않은 자료를 그대로 이용하는 것이 아니라, 자료에서 얻어낸 최댓값,
최솟값, 상위 1/4, 2/4(중앙), 3/4에 위치한 값을 보여주는 그래프입니다. 처음에
는 낯설게 느껴질 수 있지만, 읽는 방법을 익힌다면 데이터의 분포를 한눈에 보
기 쉽다는 장점이 있습니다.

상자 그림으로 데이터를 어떻게 표현하는지 알아볼까요? randint( ) 함수를 사
용하여 임의의 데이터를 만들고, 그 데이터를 상자 그림으로 나타내 봅시다. 이
때 randint( ) 함수의 범위를 1~1000으로 설정합니다.

```
import matplotlib.pyplot as plt
import random
result = []
for i in range(13) :
    result.append(random.randint(1, 1000))
print(sorted(result))


plt.boxplot(result)
plt.show()
```

실행
결과

[12, 205, 210, 255, 367, 396, 398, 572, 595, 604, 714, 723, 1000]

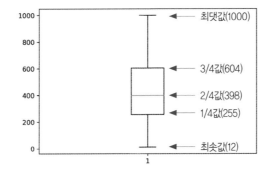

그림 6-11

1~1000까지 임의의
수를 추출해 상자
그림으로 나타낸 결과

실행 결과를 보면 result라는 리스트에 저장된 숫자 중 가장 큰 값인 1000과
3/4에 위치한 604, 중앙에 위치한 398, 1/4에 위치한 255, 그리고 가장 작은 값
인 12가 상자 그림에 표현이 되어 있습니다.

잠깐만요

다른 위치 값이 알고 싶다면?

만약 1/4, 2/4, 3/4에 위치한 정확한 값이 알고 싶다면 다음 코드를 실행하세요.

```python
import numpy as np
result = np.array(result)
print("1/4: "+str(np.percentile(result,25)))
print("2/4: "+str(np.percentile(result,50)))
print("3/4: "+str(np.percentile(result,75)))
```

이제 서울의 최고 기온 데이터를 상자 그림으로 그려봅시다. 앞서 히스토그램을 그릴 때 작성했던 코드와 대부분 동일하고 그래프를 그릴 함수만 boxplot으로 바꾸면 됩니다.

```python
import csv
f = open('seoul.csv')
data = csv.reader(f)
next(data)
result = []

for row in data :
    if row[-1] != '' :
        result.append(float(row[-1]))

import matplotlib.pyplot as plt
plt.boxplot(result)        # 상자 그림으로 나타내기
plt.show()
```

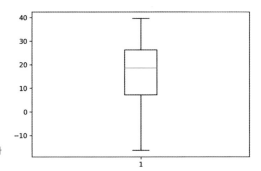

그림 6-12
서울의 최고 기온을 상자
그림으로 나타낸 결과

이번에는 1월과 8월의 상자 그림을 함께 그려보겠습니다. 역시 히스토그램을 그릴 때 작성했던 코드에서 그래프의 종류를 의미하는 코드만 수정하면 됩니다.

```
import csv
f = open('seoul.csv')
data = csv.reader(f)
next(data)
aug = []
jan = []

for row in data :
    month = row[0].split('-')[1]
    if row[-1] != '' :
        if month == '08':
            aug.append(float(row[-1]))
        if month == '01':
            jan.append(float(row[-1]))

import matplotlib.pyplot as plt
plt.boxplot(aug)
plt.boxplot(jan)
plt.show()
```

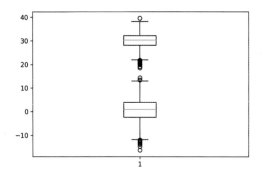

그림 6-13
1월과 8월 서울의 최고
기온을 상자 그림으로
나타낸 결과

1월과 8월의 최고 기온을 히스토그램으로 표현한 결과와 상자 그림으로 표현한
결과를 비교하고, 상자 그림에 표현된 의미를 파악해 봅시다. 히스토그램에서는
추측을 통해 파악할 수 있었던 최솟값, 최댓값, 1/4, 2/4, 3/4 값의 위치를 비교
적 명확하게 확인할 수 있습니다.

상자 그림의 위, 아래에 그려진 동그라미는 무엇을 의미할까요? 이는 이상치
(outlier) 값을 표현한 것으로, 다른 수치에 비해 너무 크거나 작은 값을 자동으로
나타낸 것입니다.

만약 8월의 최고 기온 데이터와 1월의 최고 기온 데이터를 원소로 하는 리스트를
boxplot( ) 함수로 표현한다면 어떤 결과가 나타날까요?

```
plt.boxplot([aug,jan])
```

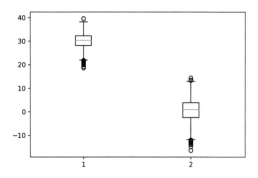

그림 6-14
1월의 최고 기온 데이터
를 원소로 하는 리스트를
boxplot() 함수로 나타
낸 결과

8월의 최고 기온 데이터를 표현한 상자 그림과 1월의 최고 기온 데이터를 표현한 상자 그림이 분리되어 표현되었네요. 이 그래프를 보니 최고 기온 데이터를 월별로 구분하여 표현해 보고 싶지 않나요?

이 문제를 해결하기 위한 과정을 2단계로 나누어 생각해봅시다.

1 | 데이터를 월별로 분류해 저장한다.
2 | 월별 데이터를 상자 그림으로 그린다.

그렇다면 데이터를 월별로 어떻게 분류할 수 있을까요?

한번 생각해 보고, 여러분의 생각과 다음 코드를 비교하세요.

```python
import matplotlib.pyplot as plt
import csv

f = open('seoul.csv')
data = csv.reader(f)
next(data)

# 월별 데이터를 저장할 리스트 month 생성(12개)
month = [[],[],[],[],[],[],[],[],[],[],[],[]]

for row in data :
    if row[-1] != '' :
        # 월과 같은 번호의 인덱스에 월별 데이터 저장(예:1월→month[0])
        month[int(row[0].split('-')[1])-1].append(float(row[-1]))

plt.boxplot(month)
plt.show()
```

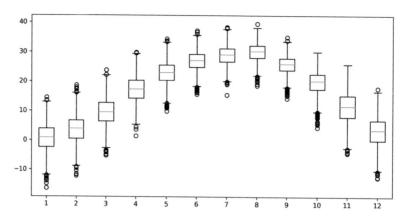

그림 6-15

데이터를 월별로 분류하
여 나타낸 결과

앞서 생각한 과정을 어떻게 코드로 나타냈는지 차근차근 생각해 봅시다.

먼저 1월부터 12월까지의 데이터를 분류하기 위해 빈 리스트 12개를 만듭니다.

그리고 날짜에서 추출한 월별 데이터를 정수로 변환한 1~12 사이의 숫자에서 1

을 뺀 값, 즉 0~11까지의 인덱스 값에 월별 데이터를 저장합니다.

여기서 1을 빼는 이유는 숫자를 리스트의 인덱스 값으로 다루기 편하기 때문입

니다. 예를 들어, 0번 인덱스에는 1월의 데이터를 저장하고, 11번 인덱스에는 12

월의 데이터를 저장하는 것이지요.

그림 6-15의 그래프를 보니 1월이 가장 춥고, 8월이 가장 덥다는 사실을 확인할

수 있습니다. 그렇다면 8월은 언제가 가장 더울까요?

이 질문을 해결하기 위해 앞에서 생각했던 것을 응용하면 됩니다. 해결 방법을

충분히 생각한 후, 다음 코드를 확인하세요.

```python
import matplotlib.pyplot as plt
import csv


f = open('seoul.csv')
data = csv.reader(f)
next(data)


day = []                    # ❶ 일별 데이터를 저장할 리스트 day 생성
for i in range(31) :
    day.append([])          # ❷ day 리스트 내 31개 리스트 생성


for row in data :
    if row[-1] != '' :
        if row[0].split('-')[1] == '08':    # 8월이라면
            # 최고 기온 값 저장
            day[int(row[0].split('-')[2])-1].append(float(row[-1]))


plt.style.use('ggplot')     # ❸ 그래프 스타일 지정
plt.figure(figsize=(10,5), dpi=300)    # ❹ 그래프 크기 수정
plt.boxplot(day, showfliers=False)     # ❺ 아웃라이어 값 생략


plt.show()
```

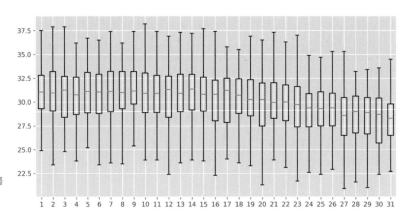

그림 6-16
8월 일별 기온 데이터를
상자 그림으로 나타낸
결과

추가한 코드가 무엇인지 발견했나요? ❶에서 일별 데이터를 저장할 리스트 day

를 만들고 ❷에서 day라는 리스트 안에 31개의 리스트를 추가했습니다. 일별 데

이터를 day 리스트에 저장한 것이지요.

그리고 ❸에서 plt.style.use('ggplot')라는 코드가 처음 등장하였습니다. 이

는 그래프의 스타일을 지정하는 코드로, 여기서는 ggplot이라는 스타일로 지정

하였습니다. 그 결과 그래프를 표현하는 배경이 회색의 격자 무늬로 바뀌었으며,

2/4 값을 의미하는 선의 색이 바뀐 것을 확인할 수 있습니다.

또 ❹에서는 그래프의 크기를 가로 10, 세로 5로 지정하여 박스의 크기를 수정하

였습니다. 마지막으로 ❺에서 설정한 showfliers=False라는 코드는 이상치 값

이 보이지 않게 설정하는 코드입니다. 그림 6-16에서 이상치를 표시하는 동그라

미는 표시되지 않은 것을 볼 수 있습니다.

지금까지 배운 코드를 활용해서 여러분이 궁금한 질문에 대한 답을 찾아보기 바

랍니다.

TIP
1년 중 일교차가 가장 큰 달은 몇 월일까요? 이런 질문도 재밌을 것 같네요!

3

인구 공공데이터

지금까지는 기온 공공데이터를 바탕으로 데이터에 질문을 던지고, 질문을 다듬고, 문제를 해결하는 과정을 정리하고, 이를 파이썬 코드로 구현하였습니다. 이제 어느 정도 데이터 분석에 대한 감이 잡혔나요? 앞서 기온 공공데이터를 활용해서 다양한 분석을 했던 것처럼, 셋째 마당에서는 인구 공공데이터를 바탕으로 다양한 궁금증을 해결해 보겠습니다.

우리 동네 인구 구조 시각화하기

DATA ANALYSIS FOR EVERYONE

실습 데이터 Unit07/unit07-01.ipynb, age.csv

혹시 동네에서 유독 잘 마주치는 이웃이 있나요? 늘 같은 출근 시간대에 버스 정류장에서 만나는 이웃이라든지, 주말 낮 시간대에 마트에서 자주 만나는 이웃이라든지 말입니다. 예전보다 이웃에 대한 관심이 줄어 옆집에 누가 사는지조차 알기가 어려운 시대가 되었다지만, 때로는 우리 동네에 어떤 사람들이 사는지 궁금할 때가 있습니다. 연령대는 나와 비슷한지, 자녀는 몇 살인지, 주로 어떤 직업군에 속한 사람들이 사는지 등 말이지요.

'현대 경영학의 아버지'라고 불리는 피터 드러커는 '인구 통계의 변화는 미래와 관련된 것 가운데 정확한 예측을 할 수 있는 유일한 사실'이라고 했습니다. 그만큼 인구 데이터는 다양한 인사이트를 제공합니다. 그럼 지금부터 인구 공공데이터를 활용한 데이터 분석을 시작해 볼까요?

1 인구 공공데이터 내려받기

행정안전부에서는 홈페이지를 통해 다양한 공공데이터를 제공합니다. 그중에서 우리가 얻고자 하는 인구 데이터를 내려받겠습니다.

① www.mois.go.kr에 접속한 후 상단 메뉴에서 **정책자료 → 통계 → 주민등록 인구 통계**를 클릭합니다.

그림 7-1
행정안전부 홈페이지에 서 정책자료 → 통계 → 주민등록 인구통계 클릭

② **연령별 인구현황** 메뉴에서 **통계표** 탭을 선택합니다. '조회 기간'은 2019년 2월로, 남·여 구분에 체크를 해제하고 '연령 구분 단위'는 1세로, '만 연령구분'은 0, 그리 고 100이상으로 설정한 후 **검색** 버튼을 클릭합니다.

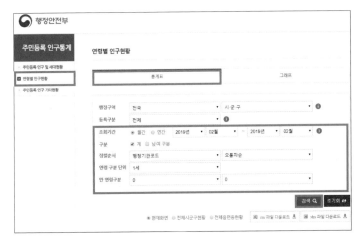

그림 7-2
연령 구분 단위, 연령 범위 등을 설정한 후 검색 버튼 클릭

> TIP
> '조회 기간'은 이 책을 편집하는 시점을 기준으로 잡았으며 여러분이 수정해도 됩니다. '연령 구분 단위'는 1세, 5세, 10 세 중 하나를 선택할 수 있으며, 특정 연령대에 해당하는 인구 데이터를 확인할 수 있습니다. 직접 홈페이지에 들어가서 궁금한 인구 데이터 자료를 살펴보세요.

③ 그러면 아래에 연령별 인구현황이 표시됩니다. 여기서 **전체읍면동현황**에 체크한 후 CSV **파일 다운로드** 버튼을 누르면 전국의 읍면동별 연령별 인구현황 데이터를 받을 수 있습니다.

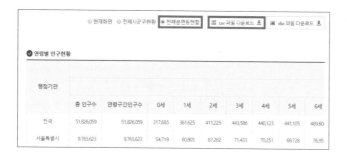

그림 7-3
전체읍면동현황에
체크한 후 CSV 파일
다운로드 클릭

④ 다음과 같은 경고 창이 뜨면 **확인** 버튼을 클릭합니다.

그림 7-4
경고 창이 뜨면
확인 버튼 클릭

⑤ '다른 이름으로 저장' 창이 뜨면, 코드 작성의 편의를 위해서 파일 이름을 간단히 **age.csv**로 수정한 후 실습 폴더(여기서는 **다운로드** 폴더)에 저장합니다.

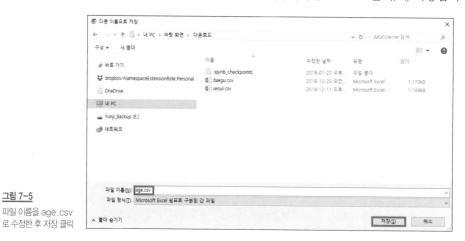

그림 7-5
파일 이름을 age.csv
로 수정한 후 저장 클릭

⑥ 내려받은 파일을 엑셀로 열면 전국의 읍면동, 연령별 인구를 확인할 수 있습니다.

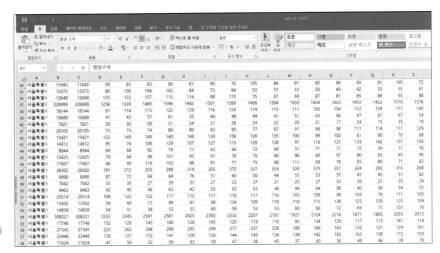

그림 7-6
age.csv 파일을 엑셀로 열어서 확인

혹시 한글이 깨져 보이나요?

혹시 다음과 같이 A열의 한글이 깨져 보인다면 다음과 같이 파일 인코딩 방식을 바꿔야 합니다.

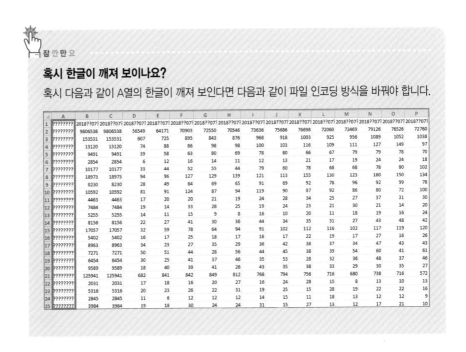

① age.csv 파일을 메모장으로 엽니다.

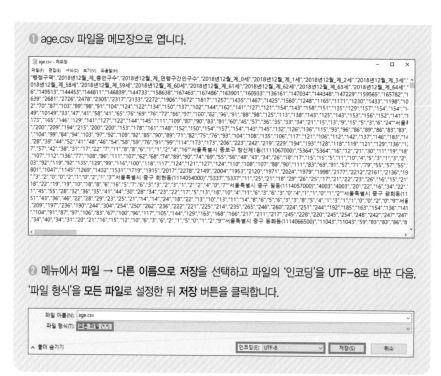

② 메뉴에서 **파일 → 다른 이름으로 저장**을 선택하고 파일의 '**인코딩**'을 **UTF-8**로 바꾼 다음, '**파일 형식**'을 **모든 파일**로 설정한 뒤 **저장** 버튼을 클릭합니다.

---

2 인구 데이터 살펴보고 질문하기

내려받은 데이터에서 여러분이 살고 있는 지역(읍면동 단위)을 찾아보세요. 저는 신도림에 살고 있으므로 신도림동 데이터를 예를 들어 찾아보겠습니다.

엑셀에서 Ctrl + F 를 눌러 지역 이름을 입력하면 해당 지역의 행을 바로 찾을 수 있습니다.

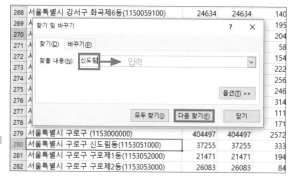

그림 7-7
엑셀의 찾기 기능을 사용해서 지역 이름 찾기

> **TIP**
> 데이터에 나온 행정 구역 이름은 여러분이 알던 이름과 조금 다를 수도 있으며, 같은 이름이 다른 지역에도 있을 수 있다는 점에 주의하세요.

데이터를 자세히 살펴볼까요? 첫 번째 열인 A열에는 행정 구역 이름과 10자리 숫자로 이루어진 행정 구역 코드가 있습니다. 두세 번째 열인 B~C열에는 해당 지역의 전체 인구수가 있습니다. 그리고 4번째 열부터 만 0세부터의 연령별 인구가 기록되어 있습니다.

그림 7-8
인구 데이터 살펴보기

A	B	C	D	E	F	G
1 행정구역	2018년12월_계_총인구수	2018년12월_계_연령구간인구수	2018년12월_계_0세	2018년12월_계_1세	2018년12월_계_2세	2018년12월_계_3세
2 서울특별시 (1100000000)	9765623	9765623	54719	60805	67262	71433
3 서울특별시 종로구 (1111000000)	153065	153065	609	715	776	893
4 서울특별시 종로구 청운효자동(1111051500)	13045	13045	68	84	77	97
5 서울특별시 종로구 사직동(1111053000)	9546	9546	39	51	63	68

TIP 0세부터 100세 이상까지 총 101개 구간의 데이터가 제공됩니다.

인구 데이터를 살펴보니 어떤 점이 궁금한가요?

이 데이터를 분석하면 어느 동네에 영유아가 가장 많고, 어느 동네가 고령화되었는지 알 수 있을 것 같습니다. 또는 우리 동네에 가장 많이 살고 있는 연령은 몇 살인지 혹은 내 또래 사람들이 가장 많이 사는 지역이 어디인지도 확인할 수 있습니다. 이처럼 데이터에 여러 가지 질문을 던져 보세요.

3 우리 동네 인구 구조 시각화하기

다음 그래프는 신도림동의 인구를 시각화한 것입니다. 그래프의 가로축은 나이, 세로축은 인구수를 의미합니다.

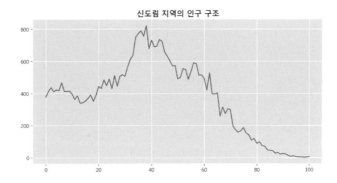

신도림 지역의 인구 구조

그림 7-9
신도림동의 인구를
시각화한 결과

그래프를 보면 어렵지 않게 이 동네의 특성을 몇 가지 파악할 수 있습니다.

- 30대 중후반 사람들이 많이 산다.
- 10세 이하의 아이가 10대 후반 청소년보다 많다.

이 두 가지만으로도 '신도림에는 어린 아이를 키우는 3~40대 부부가 많겠구나' 라고 생각할 수 있습니다.

실제로 신도림 지역에는 아이를 키우는 3~40대 부부가 많습니다. 이렇게 특정 지역의 인구 구조 데이터를 시각화함으로써 해당 지역에 대한 정보를 얻을 수 있고, 이러한 정보는 필요에 따라 유용하게 사용될 수 있습니다.

자, 이제 본격적으로 우리 동네의 인구 구조를 시각화해볼까요? 어떤 단계를 거쳐야 할지 미리 생각해 보세요. 저는 다음과 같은 단계로 생각해 보았습니다.

1 | 인구 데이터 파일을 읽어온다.
2 | 전체 데이터에서 한 줄씩 반복해서 읽어온다.
3 | 우리 동네에 대한 데이터인지 확인한다.
4 | 우리 동네일 경우 0세부터 100세 이상까지의 인구수를 순서대로 저장한다.
5 | 저장된 연령별 인구수 데이터를 시각화한다.

지금부터는 이런 과정을 '알고리즘을 설계한다'고 표현하겠습니다. 알고리즘을 설계했으니 순서대로 코드로 작성하겠습니다. 생각보다 간단한 작업이 될 것 같네요.

먼저 인구 데이터 파일(age.csv)을 읽어와서 한 줄씩 출력하겠습니다.

```python
import csv
f = open('age.csv')
data = csv.reader(f)

for row in data :
    print(row)
```

['행정구역', '2019년02월_계_총인구수', '2019년02월_계_연령구간인구수', '2019년02월_계_0세', '2019년02월_계_1세', '2019년02월_계_2세', '2019년02월_계_3세', '2019년02월_계_4세', '2019년02월_계_5세', '2019년02월_계_6세', '2019년02월_계_7세', '2019년02월_계_8세', '2019년02월_계_9세', '2019년02월_계_10세', '2019년02월_계_11세', '2019년02월_계_12세', '2019년02월_계_13세', '2019년02월_계_14세', '2019년02월_계_15세', '2019년02월_계_16세', '2019년02월_계_17세', '2019년02월_계_18세', '2019년02월_계_19세', '2019년02월_계_20세', '2019년02월_계_21세', '2019년02월_계_22세', '2019년02월_계_23세', '2019년02월_계_24세', '2019년02월_계_25세', '2019년02월_계_26세', '2019년02월_계_27세', '2019년02월_계_28세', '2019년02월_계_29세', '2019년02월_계_30세', '2019년02월_계_31세', '2019년02월_계_32세', '2019년02월_계_33세', '2019년02월_계_34세', '2019년02월_계_35세', '2019년02월_계_36세', '2019년02월_계_37세', '2019년02월_계_38세', '2019년02월_계_39세', '2019년02월_계_40세', '2019년02월_계_41세', '2019년02월_계_42세', '2019년02월_계_43세', '2019년02월_계_44세', '2019년02월_계_45세', '2019년02월_계_46세', '2019년02월_계_47세', '2019년02월_계_48세', '2019년02월_계_49세', '2019년02월_계_50세', '2019년02월_계_51세', '2019년02월_계_52세', '2019년02월_계_53세', '2019년02월_계_54세', '2019년02월_계_55세', '2019년02월_계_56세', '2019년02월_계_57세', '2019년02월_계_58세', '2019년02월_계_59세', '2019년02월_계_60세', '2019년02월_계_61세', '2019년02월_계_62세', '2019년02월_계_63세', '2019년02월_계_64세', '2019년02월_계_65세', '2019년02월_계_66세', '2019년02월_계_67세', '2019년02월_계_68세', '2019년02월_계_69세', '2019년02월_계_70세', '2019년02월_계_71세', '2019년02월_계_72세', '2019년02월_계_73세', '2019년02월_계_74세', '2019년02월_계_75세', '2019년02월_계_76세', '2019년02월_계_77세', '2019년02월_계_78세', '2019년02월_계_79세', '2019년02월_계_80세', '2019년02월_계_81세', '2019년02월_계_82세', '2019년02월_계_83세', '2019년02월_계_84세', '2019년02월_계_85세', '2019년02월_계_86세', '2019년02월_계_87세', '2019년02월_계_88세', '2019년02월_계_89세', '2019년02월_계_90세', '2019년02월_계_91세', '2019년02월_계_92세', '2019년02월_계_93세', '2019년02월_계_94세', '2019년02월_계_95세', '2019년02월_계_96세', '2019년02월_계_97세', '2019년02월_계_98세', '2019년02월_계_99세', '2019년02월_계_100세 이상']
['서울특별시 (1100000000)', '9,770,638', '9,770,638', '53,738', '59,599', '65,815', '70,726', '70,037', '69,000', '76,377', '73,745', '75,639', '70,199', '74,217', '80,273', '74,774', '71,529', '78,329', '82,561', '82,083', '90,416', '107,254', '109,552', '114,315', '12

그림 7-10

age.csv 파일을 읽어와서 출력한 결과

이번에는 우리 동네 데이터만 선택해서 출력해 보겠습니다. 0번째 열인 row[0]에 지역명이 저장되어 있으므로 6행에 다음과 같이 코드를 추가하면 신도림동의 인구 데이터를 출력할 수 있습니다.

```
if '서울특별시 구로구 신도림동(1153051000)' == row[0] :
    print(row)
```

그런데 '서울특별시 구로구 신도림동(11530510000)'처럼 정확하게 지역명을 입력하는 것은 너무 번거로운 일입니다.

파이썬의 in 연산자를 사용하면 조금 더 효율적으로 코드를 작성할 수 있습니다. 'A in B'는 A가 B 안에 존재하면 참, 그렇지 않으면 거짓이 됩니다. 즉, in 연산자는 data의 row[0] 값 중 똑같은 값이 있는지 찾아서, 그 결과를 True 또는 False로 반환합니다. 한 글자라도 다르면 해당 값이 없다고(False) 판단합니다.

```
print('신도림' in '서울특별시 구로구 신도림동(1153051000)')
print('1153' in '서울특별시 구로구 신도림동(1153051000)')
print('()' in '서울특별시 구로구 신도림동(1153051000)')
```

True

True

False

따라서 in 연산자를 활용하면 코드를 이렇게 간단히 쓸 수 있습니다.

```python
import csv
f = open('age.csv')
data = csv.reader(f)

for row in data :
    if '신도림' in row[0] :
        print(row)
```

['서울특별시 구로구 신도림동(1153051000)', '37,268', '37,268', '326', '334', '406', '413', '389', '408', '417', '434', '411', '387', '420', '383', '354', '357', '340', '338', '349', '339', '407', '380', '390', '453', '424', '516', '451', '466', '448', '484', '471', '476', '558', '541', '579', '619', '638', '740', '756', '792', '745', '789', '671', '687', '700', '636', '726', '691', '657', '619', '649', '585', '579', '470', '522', '534', '563', '445', '511', '569', '572', '513', '532', '456', '426', '497', '379', '384', '399', '279', '289', '276', '268', '271', '223', '170', '150', '154', '177', '140', '126', '114', '121', '97', '86', '80', '59', '48', '44', '43', '28', '29', '22', '15', '13', '12', '5', '8', '5', '4', '2', '3', '7']

 신도림동의 인구는 고정적이지 않으므로, 실행 결과는 데이터를 내려받은 시점에 따라 조금씩 차이가 납니다.

이제 신도림동에 대한 데이터를 읽어왔으니 0~100세 이상까지의 인구수를 순서대로 저장해 보겠습니다. 데이터를 살펴보면 가장 앞 열(row[0])에는 지역명이, 그 다음 두 열(row[1], row[2])에는 해당 지역의 총 인구수가, 그 뒤로는 0~100세 이상까지의 인구수가 순서대로 저장되어 있습니다. 그러면 이 리스트의 3번 인덱스부터 끝까지 데이터를 반복해서 읽어오면 되겠죠?

```python
import csv
f = open('age.csv')
data = csv.reader(f)

for row in data :
    if '신도림' in row[0] :
        for i in row[3:] :
            print(i)
```

실행
결과

```
326
334
406
413
389
408
(생략)
```

 잠깐만요

'101' 이라는 결과가 잘 출력되는지 확인하려면?

0세부터 100세 이상까지의 101개 구간이 모두 포함되는지 확인하려면 7~8행 코드를 다음과 같이 수정하면 됩니다.

```python
for row in data :
    if '신도림' in row[0] :
        print(len(row[3:]))
```

이제 데이터를 읽어왔으니 순서대로 저장하겠습니다. 순서대로 저장할 때는 리스트를 사용하는 것이 좋습니다. 다음과 같이 result라는 빈 리스트를 하나 만들고 각 값을 추가한 후 출력해 봅시다.

```python
import csv
f = open('age.csv')
data = csv.reader(f)
result = []                      # 빈 리스트 만들기
for row in data :
    if '신도림' in row[0] :      # '신도림'이 포함된 행정구역 찾기
        for i in row[3:] :       # 0세부터 끝(100세 이상)까지 모든 연령에 대해 반복하기
            result.append(i)     # 해당 연령의 인구수 리스트에 순서대로 저장하기
print(result)                    # 0세부터 100세 이상까지의 인구수 출력하기
```

실행
결과

['326', '334', '406', '413', '389', '408', '417', '434', '411', '387', '420', '383', '354', '357', '340', '338', '349', '339', '407', '380', '390', '453', '424', '516', '451', '466', '448', '484', '471', '476', '558', '541', '579', '619', '638', '740', '756', '792', '745', '789', '671', '687', '700', '636', '726', '691', '657', '619', '649', '585', '579', '470', '522', '534', '563', '445', '511', '569', '572', '513', '532', '456', '426', '497', '379', '384', '399', '279', '289', '276', '268', '271', '223', '170', '150', '154', '177', '140', '126', '114', '121', '97', '86', '80', '59', '48', '44', '43', '28', '29', '22', '15', '13', '12', '5', '8', '5', '4', '2', '3', '7']

출력 결과를 보니 result 리스트에 0~100세 이상까지의 인구수가 잘 저장된 것을 확인할 수 있습니다. 그런데 각 숫자에 작은따옴표가 있는 것으로 보아 문자열로 저장되었네요. 데이터를 시각화하려면 각 값을 정수로 바꿔야 하므로 다음과 같이 수정합니다.

```python
result.append(int(i))
```

[326, 334, 406, 413, 389, 408, 417, 434, 411, 387, 420, 383, 354, 357, 340, 338, 349, 339, 407, 380, 390, 453, 424, 516, 451, 466, 448, 484, 471, 476, 558, 541, 579, 619, 638, 740, 756, 792, 745, 789, 671, 687, 700, 636, 726, 691, 657, 619, 649, 585, 579, 470, 522, 534, 563, 445, 511, 569, 572, 513, 532, 456, 426, 497, 379, 384, 399, 279, 289, 276, 268, 271, 223, 170, 150, 154, 177, 140, 126, 114, 121, 97, 86, 80, 59, 48, 44, 43, 28, 29, 22, 15, 13, 12, 5, 8, 5, 4, 2, 3, 7]

연령별 인구수가 숫자 값으로 잘 저장되었네요. 이제 데이터를 시각화하기만 하면 됩니다. 데이터를 시각화하기 위해서는 어떤 과정이 필요한지 기억하나요? 네, matplotlib 라이브러리를 임포트하고, 데이터를 시각화하기에 적합한 그래프 종류를 선택하고, show( ) 함수로 보여주면 됩니다. 그래서 다음과 같이 코드를 추가합니다.

```
import matplotlib.pyplot as plt
plt.style.use('ggplot')        # 격자 무늬 스타일 지정
plt.plot(result)
plt.show()
```

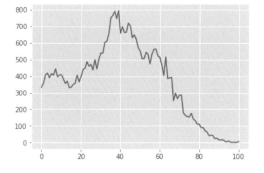

그림 7-11
신도림동의 인구 구조를
시각화한 결과

TIP

ggplot 스타일 외에도 다양한 스타일을 적용할 수 있습니다. matplotlib 라이브러리를 임포트한 후 다음 코드를 실행하면 적용할 수 있는 다양한 스타일의 이름을 확인할 수 있습니다.

print(plt.style.available)

그런데 저는 이 결과를 보고 두 가지 기능을 더 추가하면 좋겠다는 생각이 들었습니다. 한 가지는 원하는 지역의 이름을 입력하면 그 지역의 인구 구조가 출력되게 하는 것이고, 또 다른 한 가지는 어떤 지역의 인구 구조 그래프인지 알아볼 수 있게 제목을 넣는 것입니다.

이 기능을 적용한 결과는 다음과 같습니다.

실행 결과

인구 구조가 알고 싶은 지역의 이름(읍면동 단위)을 입력해 주세요 : 아름동 ➡ 입력

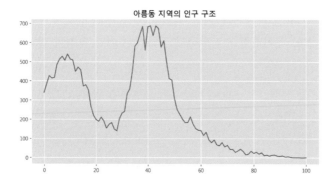

그림 7-12
미션: 아름동의 인구 구조 시각화 결과를 얻어라!

그림 7-12와 같은 결과를 얻으려면 코드를 어떻게 수정하면 좋을까요?

여러분 스스로 생각해 보고 직접 구현해 보세요. 정답은 Unit 8에서 공개합니다.

UNIT 08

인구 구조를 다양한 형태로 시각화하기

DATA ANALYSIS FOR EVERYONE

● **실습 데이터** Unit08/unit08-01.ipynb, age.csv, gender.csv

이 장에서는 Unit 7에서 살펴보았던 인구 데이터를 다양한 형태로 시각화해보겠습니다.

실행 결과

> 인구 구조가 알고 싶은 지역의 이름(읍면동 단위)을 입력해주세요 : 아름동 ➡ 입력

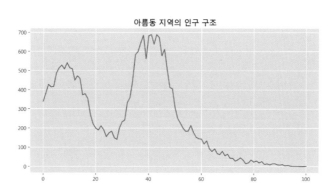

아름동 지역의 인구 구조

그림 8-1
아름동 지역의 인구 구조를 시각화한 결과

TIP 주피터 노트북에서 실행 결과가 잘 나오지 않는다면 다른 동 이름을 입력하고 한 번 더 실행해 보세요!

여러분 스스로 프로그램을 구현했나요?

이 프로그램을 만들려면 Unit 7에서 다뤘던 내용뿐만 아니라 몇 가지를 더 고민해야 합니다. 사용자에게 인구 구조를 알고 싶은 지역의 이름을 입력받는 것과 그래프에 제목을 추가하는 것, 그리고 그래프에 스타일을 적용하는 것 등이지요. 함께 차근차근 프로그래밍해 볼까요?

```python
import csv

f = open('age.csv')
data = csv.reader(f)
result = []
name = input('인구 구조가 알고 싶은 지역의 이름(읍면동 단위)을 입력해
주세요 : ')                                        # ❶

for row in data :
    if name in row[0] :                            # ❷
        for i in row[3:] :
            result.append(int(i.replace(',','')))

import matplotlib.pyplot as plt
plt.style.use('ggplot')                            # ❸
plt.rc('font', family='Malgun Gothic')             # ❹
plt.title(name+' 지역의 인구 구조')                 # ❺
plt.plot(result)
plt.show()
```

먼저 인구 구조가 궁금한 지역의 이름을 input( ) 함수로 입력받습니다(❶). 그리고 입력받은 내용이 포함된 값을 찾습니다(❷). 그래프에 스타일을 적용하고(❸) 한글 제목을 넣기 위해 폰트를 맑은 고딕으로 설정합니다(❹).

마지막으로 matplotlib 라이브러리의 title( ) 함수를 사용해 '000 지역의 인구 구조'라는 제목을 넣습니다(❺).

> **TIP**
> 코드 ❷의 result 구문을 result.append(int(i))로 지정해도 됩니다. 단, 162쪽을 참고하여 age.csv 파일의 콤마(,)를 모두 빈 문자로 바꿔주어야 합니다.

1 막대그래프 그리기

이렇게 인구 구조를 꺾은선 그래프로 표현하니 해당 지역에 어떤 연령의 사람들이 많고 적은지가 한눈에 들어옵니다. 만약 꺾은선 그래프가 아닌 다른 형태로 시각화하면 어떤 정보들을 새롭게 찾을 수 있을까요?

예를 들어, 연령대가 같은 사람들의 정보로 그래프를 그린다면 지역에 따른 비교를 해 볼 수 있겠지요. 성별을 기준으로 그래프를 그린다면 지역별 성비도 확인할 수 있을 것입니다.

이번 시간에는 bar( ) 함수로 데이터를 표현하는 방법을 알아보겠습니다.

▪ bar( ) 함수

bar( ) 함수는 막대그래프를 표현하는 명령어입니다. 막대그래프에서 막대의 길이는 각 데이터의 크기를 의미합니다.

다음은 간단한 막대그래프의 예시 코드입니다.

```
import matplotlib.pyplot as plt
plt.bar([0, 1, 2, 4, 6, 10], [1, 2, 3, 5, 6, 7])
plt.show()
```

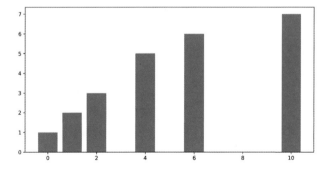

그림 8-2
막대그래프 예시

> **TIP** 그래프의 색을 포함하여 세부적인 속성은 실행 환경에 따라 다를 수도 있습니다.

bar() 함수에는 두 가지 값이 입력됩니다. 첫 번째는 막대를 표시할 위치이고, 두 번째는 막대의 높이입니다. 그리고 이 두 종류의 값들은 개수가 일치해야 합니다.

```
bar(막대를 표시할 위치, 막대의 높이)
```

예를 들어, 이 코드처럼 bar([0, 1, 2, 4, 6, 10], [1, 2, 3, 5, 6, 7])를 실행할 경우, 0에 해당하는 위치의 막대 높이는 1이고, 10에 해당하는 위치의 막대 높이는 7인 그래프가 그려집니다.

TIP 만약 bar([0,3,2,1,6,10], [1,2,3,5,6,7])처럼 코드를 작성하면 어떤 그래프가 그려질까요? 직접 확인하세요!

막대그래프의 위치를 오름차순으로 표현하는 경우가 많으므로, 다음과 같이 range() 함수를 사용하여 막대그래프의 위치를 표현할 수도 있습니다.

```
import matplotlib.pyplot as plt
plt.bar(range(6), [1, 2, 3, 5, 6, 7])
plt.show()
```

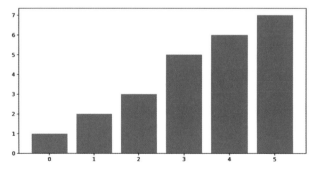

그림 8-3
range()를 사용해서 표
시한 막대그래프

이제 우리 동네의 인구 구조를 막대 그래프로 표현해 봅시다. 다음 코드를 참고하여, 자신이 사는 동네의 이름을 넣어 코드를 작성하면 쉽게 결과를 확인할 수 있습니다. 여기에서는 '신도림'을 넣었습니다. 또한, 0~100세 이상까지 101개 구간이 있기 때문에 막대의 위치를 range(101)라고 설정하였습니다.

> TIP '신도림'이 아닌 다른 동네의 결과를 보려면, '신도림'이라고 작성된 부분의 코드 한 줄만 수정하면 됩니다. 데이터를 처리하는 부분의 코드는 동일합니다.

```python
import csv
f = open('age.csv')
data = csv.reader(f)

result = []
for row in data :
    if '신도림' in row[0] :
        for i in row[3:] :
            result.append(int(i))

import matplotlib.pyplot as plt
plt.bar(range(101), result)
plt.show()
```

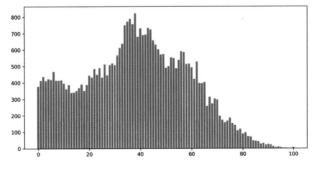

그림 8-4
신도림동의 인구 구조를 막대그래프로 시각화한 결과

■ barh() 함수

막대그래프를 수직이 아닌 수평 방향으로 그릴 수도 있습니다. bar( ) 함수를
barh( ) 함수로 바꾸면 수평 막대그래프로 표현됩니다.

```
plt.barh(range(101), result)
```

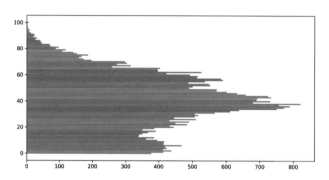

그림 8-5
신도림동의 인구 구조를
수평 막대그래프로 시각
화한 결과

barh(range(101), result)에서 range(101)은 y축의 막대 위치가 되고 result는 막대의 너비가 됩니다.

2 항아리 모양 그래프 그리기

현재 우리가 가진 데이터는 성별에 따라 구분되어 있지 않습니다. 하지만 항아리
모양으로 그래프를 그리려면 성별 정보가 포함된 인구 구조 데이터가 무척 유용
할 것 같습니다.

■ 데이터 수집하기

Unit 7에서 데이터를 내려받았던 것 기억하나요? 같은 방법으로 이번에는 남녀
성별이 포함된 데이터를 내려받겠습니다.

TIP
책과 함께 제공하는 예제 파일에 있으며, 2019년 1월 데이터를 기준으로 합니다.

① 행정안전부 홈페이지(www.mois.go.kr)의 **정책자료 → 통계 → 주민등록 인구통계** 메뉴에 접속한 후 **연령별 인구현황** 메뉴에서 **통계표** 탭을 선택합니다. '구분'에서 **계** 선택을 해제하고 **남·여 구분**에 선택합니다. '연령 구분 단위'를 1세로 선택하고 '만 연령구분'은 0에서 100이상을 선택한 다음 **검색** 버튼을 클릭합니다.

② 검색 결과가 나오면 **전체읍면동현황**에 선택하고 csv **파일 다운로드** 버튼을 누릅니다.

③ 실습 폴더에 파일 이름을 gender.csv로 저장합니다.

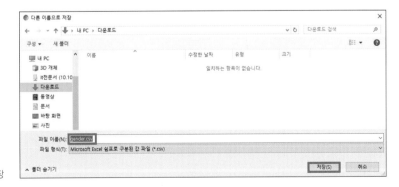

❹ 데이터를 살펴보면 왼쪽 부분은 이전 데이터와 같이, 지역 이름과 연령별 인구수가 기록되어 있습니다. 그렇다면 age.csv와 차이점은 무엇일까요? CX~DD 열을 보면 먼저 남성 데이터가 나오고 이어서 여성 인구 숫자가 나오는 것을 알 수 있습니다.

그림 8-9

남성 데이터에 이어서
여성 데이터가 나옴

CX	CY	CZ		DA	DB	DC	DD
2019년01월_남_98세	2019년01월_남_99세	2019년01월_남_100세 이상	19년01월_여_총인구수	2019년01월_여_연령구간인구수	2019년01월_여_0세	2019년01월
355	253	1474		4993466	4993466	25941	29410
16	14	75		78166	78166	280	354
0	0			6921	6921	38	42
2	2	3		5260	5260	24	22

⟶ 남성 연령별 인구 숫자   ⟶ 여성 연령별 인구 숫자

이 CSV 파일의 구조를 간략하게 표현하면 다음과 같습니다.

	남성 연령별 인구수							여성 연령별 인구수						
지역명	총인구1	총인구2	0세	1세	(생략)	99세	100세 이상	총인구1	총인구2	0세	1세	(생략)	99세	100세 이상

표 8-1

남성 데이터에 이어서
여성 데이터가 나옴

그러면 여기에서 남성 데이터와 여성 데이터를 각각 따로 저장할 수 있을까요? 몇 가지 아이디어를 생각해 보겠습니다. 첫 번째 아이디어는 다음과 같습니다. 남성 데이터는 왼쪽에, 여성 데이터는 오른쪽에 있으므로, 앞에서 3번째(0부터 시작한다고 가정)에 있는 데이터는 남성 0세 인구수이고, 뒤에서 첫 번째 데이터 (인덱스 −1)는 여성의 100세 이상 인구수입니다.

	남성 연령별 인구수							여성 연령별 인구수						
열 이름	지역명	총인구1	총인구2	0세	1세	(생략)	99세	100세 이상	총인구1	총인구2	0세	1세	(생략)	99세	100세 이상
인덱스	0	1	2	3	4	...	102	103	−103	−102	−101	−100	...	−2	−1

표 8-2

남성 데이터에 이어서
여성 데이터가 나옴

남성 데이터 시작!

남성 데이터는 인덱스 3, 4, 5....102, 103까지 순서대로 항목이 추가됨!

여성 데이터 시작!

여성 데이터는 −101, −99, −98...−2, −1까지 역순으로 항목이 추가됨 → reverse() 함수로 재배열!

남성 데이터는 맨 앞에서부터 리스트 m에 차례대로 저장하면 됩니다. 여성 데이터는 인덱스 값이 −1인 100세 이상 인구수부터, 즉 맨 뒤에서부터 −1, −2, −3... 순으로 리스트 f에 저장한 후, 저장된 여성 데이터를 다시 역순으로 뒤집으면 됩니다.

이때 남성 데이터는 인덱스가 3에서 시작하고, 여성 데이터는 인덱스가 −1에서 시작된다는 점을 주의해야 합니다.

이 패턴을 코드로 표현하면 다음과 같습니다.

```python
import csv
f = open('gender.csv')
data = csv.reader(f)
m = []
f = []
for row in data :
    if '신도림' in row[0] :
        for i in range(0,101) :
            m.append(int(row[i+3]))
            f.append(int(row[-(i+1)]))
f.reverse()
```

TIP
reverse() 함수는 리스트의 값을 역순으로 재배열하는 함수입니다.

리스트를 뒤집는다는 개념이 조금 헷갈릴 수 있습니다. 데이터를 순서대로 저장하는 방법부터 생각해 볼까요? 남성 데이터는 3번 인덱스부터 시작하고, 여성 데이터는 106번 인덱스부터 시작한다는 점을 활용합니다.

열 이름		남성 연령별 인구수							여성 연령별 인구수						
	지역명	총인구1	총인구2	0세	1세	(생략)	99세	100세 이상	총인구1	총인구2	0세	1세	(생략)	99세	100세 이상
인덱스	0	1	2	3	4	...	102	103	104	105	106	107	...	205	206

표 8-3

남성 데이터에 이어서
여성 데이터가 나옴

저장!   저장!

남성 데이터는 3번 인덱스 값부터 103번 인덱스 값까지 차례대로 리스트 m에 저장하고, 여성 데이터는 106번 인덱스 값부터 206번 인덱스 값까지 차례대로 리스트 f에 저장할 수 있습니다.

이를 코드로 표현하면 다음과 같습니다. 남성(male) 데이터는 리스트 m에 저장하고(❶), 여성(female) 데이터는 리스트 f에 저장합니다(❷).

```python
import csv
f = open('gender.csv')
data = csv.reader(f)
m = []
f = []
for row in data :
    if'신도림'in row[0] :
        for i in row[3:104] :
            m.append(int(i))      # ❶ 남성 데이터를 리스트 m에 저장
        for i in row[106:] :
            f.append(int(i))      # ❷ 여성 데이터를 리스트 f에 저장
```

> **TIP** 남성 데이터와 여성 데이터를 저장하는 코드(❶~❷)는 다양한 형태로 표현할 수 있습니다. 예를 들어 10행은 for in row[106:207]로 표현할 수도 있습니다. 여성 인구 데이터 중 0세에 해당하는 106번 인덱스부터 100세 이상에 해당하는 206번 인덱스까지를 범위로 지정해 주는 것이지요. 이 책에서 설명하는 코드 외에 여러분이 생각하는 방법으로 코드를 작성해 보세요.

여러분은 위의 두 가지 방법 중 어떤 방법이 더 편한가요? 아니면 이 두 가지 방법보다 더 좋은 방법이 떠올랐나요? 이 책에서는 순서대로 데이터를 저장하는 두 번째 방법을 선택해서 항아리 모양 그래프를 그려보겠습니다.

■ 데이터 시각화하기

앞의 코드에 다음 코드를 추가합니다. m과 f 데이터를 각각 수평 막대그래프로 표현하는 코드입니다.

```python
import matplotlib.pyplot as plt
plt.barh(range(101), m)
plt.barh(range(101), f)
plt.show()
```

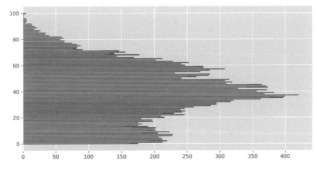

그림 8-10
남성 데이터와 여성 데이터를 수평 막대그래프로 시각화한 결과

그림 8-10을 보면 남성의 연령대별 인구 분포를 표현하는 그래프와 여성의 연령대별 인구 분포를 표현하는 그래프가 겹쳐지는 바람에 알아보기가 어렵습니다. 왜 이렇게 나왔을까요?

이는 두 데이터가 모두 양수로 이루어져 있기 때문입니다. 남성 데이터를 왼쪽에, 여성 데이터를 오른쪽에 두려면 남성 데이터를 음수로 바꾸면 되겠지요.

다음과 같이 코드를 조금 수정합니다.

```
m.append(-int(i))        # 마이너스 부호를 넣어서 음수로 변경
```

그리고 그래프에 간단하게 제목과 범례를 넣어보았습니다.

```
import matplotlib.pyplot as plt
plt.rc('font', family='Malgun Gothic')
plt.title('신도림 지역의 남녀 성별 인구 분포')
plt.barh(range(101), m, label='남성')
plt.barh(range(101), f, label='여성')
plt.legend()
plt.show()
```

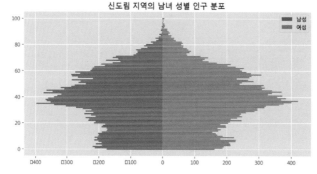

그림 8-11
남성 데이터를 왼쪽에,
여성 데이터를 오른쪽에
표현한 결과

이제 항아리 모양 그래프의 형태를 갖추었습니다. 그런데 남성 인구 그래프를 자세히 보니 마이너스 기호(-)가 깨졌네요. 이는 Unit 5에서 보았던 한글 서체 문제로, 다음과 같이 한 줄을 추가하면 해결됩니다.

```
import matplotlib.pyplot as plt
plt.rc('font', family='Malgun Gothic')
plt.rcParams['axes.unicode_minus'] = False
plt.title('신도림 지역의 남녀 성별 인구 분포')
plt.barh(range(101), m, label='남성')
plt.barh(range(101), f, label='여성')
plt.legend()
plt.show()
```

지금까지 신도림 지역의 남녀 성별 인구 분포를 항아리 모양으로 나타냈습니다.
마지막으로 원하는 지역의 이름을 입력하면 해당 지역의 항아리 모양 그래프를
그리도록 코드를 수정하겠습니다.

if '신도림' in row[0] : 코드에서 '신도림'이라고 작성한 부분에 원하는 지역의
이름을 사용자에게 입력받을 수 있도록 수정하면 됩니다. 그리고 원하는 지역의
이름은 계속 바뀌므로 변수를 사용하면 됩니다.

우리 동네 인구 구조를 항아리 모양 그래프로 그리기

최종 코드와 원하는 지역의 이름을 넣어 실행한 결과는 다음과 같습니다.

```
import csv
f = open('gender.csv')
data = csv.reader(f)

m = []
f = []
```

```
name = input('찾고 싶은 지역의 이름을 알려주세요 : ')
for row in data :
    if name in row[0] :
        for i in row[3:104] :
            m.append(-int(i))
        for i in row[106:] :
            f.append(int(i))


import matplotlib.pyplot as plt
plt.style.use('ggplot')
plt.figure(figsize=(10,5), dpi=300)
plt.rc('font', family='Malgun Gothic')
plt.rcParams['axes.unicode_minus'] = False
plt.title(name+' 지역의 남녀 성별 인구 분포')
plt.barh(range(101), m, label='남성')
plt.barh(range(101), f, label='여성')
plt.legend()
plt.show()
```

**실행
결과**

찾고 싶은 지역의 이름을 알려주세요 : 도담동 ➡ 입력

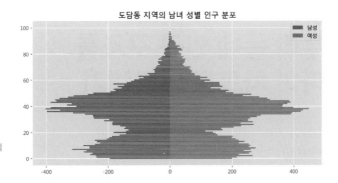

그림 8-12
원하는 지역(도담동)의
남녀 성별 인구 분포
실행 결과

이번 시간에는 막대그래프와 수평 막대그래프로 인구 데이터를 표현했습니다. 다양한 형태의 그래프를 통해 인구 데이터에 숨어있던 새로운 의미를 찾았기를 바랍니다. 다음 시간에는 또 다른 형태로 인구 데이터를 표현하는 방법을 배워보 겠습니다.

UNIT 09 우리 동네 인구 구조를 파이 차트로 나타내기

DATA ANALYSIS FOR EVERYONE

⬤ **실습 데이터** Unit09/unit09-01.ipynb, gender.csv

Unit 8에서 인구 데이터를 꺾은선 그래프와 막대그래프, 수평 막대그래프로 시각했습니다. 학창 시절 교과서에서만 보던 그래프가 아니라, 정부에서 제공하는 최신 데이터를 활용해서 우리 동네 또는 내가 궁금한 동네의 인구 구조를 한눈에 알아볼 수 있게 된 것을 축하합니다!

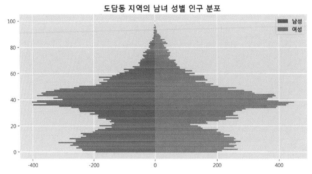

그림 9-1
내가 원하는 동네를 입력받아 시각화한 결과

그림 9-1의 그래프는 Unit 8에서 마지막으로 나타낸 그래프입니다. 그렇다면 이 그래프만 보고 "우리 동네의 남성과 여성 중 어떤 성별의 비율이 높을까?"라는 질문에 쉽게 답할 수 있을까요? 이 항아리 모양의 그래프로는 알기 어려운 정보입니다.

또, 제주도를 여성, 돌, 바람이 많다 하여 '삼다도(三多島)'라고 불렀는데, 실제로 제주도의 남녀 비율을 비교하면 정말 여성이 더 많을까요? 이번 장에서는 이런 질문들을 해결할 방법을 알아보겠습니다.

1 제주도에는 여성의 비율이 더 높을까

새로운 형태의 그래프를 그리기에 앞서 Unit 8에서 작성했던 코드를 활용해서 제주특별자치도의 성별 분포를 항아리 모양 그래프로 표현해 볼까요?

```python
import csv
f = open('gender.csv')
data = csv.reader(f)

m = []
f = []

name = input('찾고 싶은 지역의 이름을 알려주세요 : ')
for row in data :
    if name in row[0] :
        for i in row[3:104] :
            m.append(-int(i))
        for i in row[106:] :
            f.append(int(i))

import matplotlib.pyplot as plt
plt.style.use('ggplot')
plt.figure(figsize=(10,5), dpi=300)
plt.rc('font', family='Malgun Gothic')
plt.rcParams['axes.unicode_minus'] = False
plt.title(name+' 지역의 남녀 성별 인구 분포')
plt.barh(range(101), m, label='남성')
plt.barh(range(101), f, label='여성')
plt.legend()
plt.show()
```

TIP 제주의 행정구역 이름은 '제주특별자치도'입니다. 찾고 싶은 지역의 이름을 입력하기 전에 gender.csv 파일에서 정확한 행정구역 이름을 확인하세요.

찾고 싶은 지역의 이름을 알려주세요 : 제주특별자치도 ➡ 입력

ValueError: shape mismatch: objects cannot be broadcast to a single shape

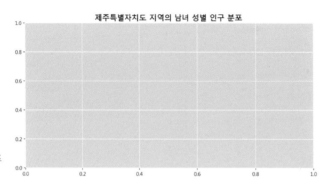

그림 9-2
오류가 발생하여 그래프
가 나타나지 않는 모습

> TIP
> 실행 환경에 따라 오류에 대한 설명은 다를 수 있습니다. ValueError란 말 그대로 '값에 오류가 있다'는 뜻으로, 이 경우에는 지정된 x축의 데이터 개수(101개)와 찾은 데이터 개수가 일치하지 않아서 발생한 에러입니다. 왜 두 값이 일치하지 않은지 설명하겠습니다.

그런데 실행을 하니 오류가 발생했네요!

오류의 원인을 찾기 위해 '제주특별자치도'에 해당하는 데이터의 개수를 확인했습니다. gender.csv 데이터에서 제주특별자치도 전체 인구에 해당하는 행은 1개일 것이고, 0세부터 100세 이상까지의 정보가 있으며, 남성과 여성으로 나뉘어 있습니다. 따라서 남성 인구에 대한 데이터 개수와 여성 인구에 대한 데이터 개수는 각각 101개여야 합니다.

정말 그런지 데이터의 개수를 출력하기 위한 코드를 맨 마지막에 추가해서 실행하겠습니다.

```
print(len(m), len(f))
```

4646이라는 예상하지 못한 값이 출력되었습니다. 이 숫자는 무엇을 의미하는 것일까요?

원래 데이터의 개수가 101개여야하는데 4646이라는 46배나 큰 숫자가 나왔네요. 원인을 찾기 위해, 그림 9-3과 같이 원본 데이터에서 '제주특별자치도'를 검색하세요.

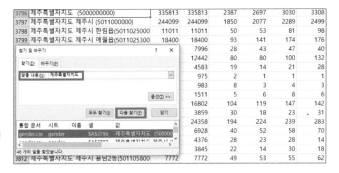

그림 9-3
'찾기'를 눌러 '제주특별
자치도'를 검색한 결과
46개의 결과가 나옴

검색 결과를 보니, '제주특별자치도'라는 단어가 포함된 지역 이름이 총 46개가 나왔네요. 그렇습니다. 오류의 원인은 '제주특별자치도'라고 입력할 경우, 46개의 데이터를 하나의 그래프로 표현해야 하는 상황으로 인해 생긴 것이었습니다. 우리가 의도했던 것은 가장 위에 있는 제주특별자치도 전체에 대한 데이터만 찾는 것이었는데 말이죠.

이제 이 오류를 일으킨 원인을 수정하면 문제를 해결할 수 있습니다. Unit 8에서 작성했던 코드를 다시 한번 보겠습니다. 사용자에게 입력 받은 내용을 데이터에서 찾는 코드를 수정하면 됩니다.

```
name = input('찾고 싶은 지역의 이름을 알려주세요 : ')
for row in data :
    if name in row[0] :
```

```
        for i in row[3:104] :
            m.append(-int(i))
```

어떻게 수정하면 같은 이름을 갖는 여러 개의 데이터 중 하나만 골라낼 수 있을까요? 여기에서는 사용자로부터 입력받은 내용이 포함되는 데이터 중 처음 만나는 데이터만 m, f 데이터에 추가시키는 방법을 사용하겠습니다.

사용자가 입력한 내용에 해당하는 데이터를 만나면 전체 데이터를 탐색하는 반복을 멈추면 됩니다. 따라서 반복문의 실행을 멈추는 break 키워드를 추가합니다. 이때 들여쓰기에 주의하기 바랍니다.

```
name = input('찾고 싶은 지역의 이름을 알려주세요 : ')
for row in data :
    if name in row[0] :
        for i in row[3:104] :
            m.append(-int(i))
        for i in row[106:] :
            f.append(int(i))
        break
```

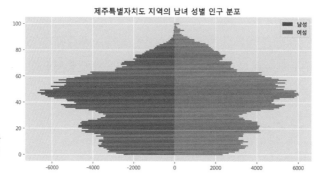

그림 9-4
break 키워드를 입력하여 정상적으로 그래프가 출력된 결과

break 키워드를 추가한 코드를 실행했더니 제주특별자치도 전체의 항아리 모양 그래프가 성공적으로 그려졌습니다.

> **TIP**
> 데이터를 살펴보면 같은 이름을 가진 다른 지역들이 종종 있습니다. 예를 들면 '부흥동'이라는 지역은 경기도 안양시 동안구 부흥동(4117354000)과 전라남도 목포시 부흥동(4611080000) 두 곳이 있습니다. 그런데 우리가 지금껏 작성한 코드에서는 그 둘을 구분할 수 없습니다. 어떻게 코드를 작성하면 이 문제를 해결할 수 있을까요? 이는 여러분의 몫으로 남겨두겠습니다.

우리가 처음에 던진 질문을 기억하나요? '제주도에는 어떤 성별이 더 많이 살고 있는가?'였습니다. 하지만 그림 9-3과 같은 항아리 모양의 그래프에서는 연령대별 인구 차이는 확인할 수 있지만, 어떤 성별이 더 많은지에 대한 정보는 한눈에 파악하기가 다소 어렵습니다. 그렇다면 어떤 형태의 그래프로 표현하였을 때 전체적인 비율을 쉽게 파악할 수 있을까요?

여러분이 떠올린 그래프가 적절한지 이어지는 내용을 통해 확인하겠습니다.

② 혈액형 비율 표현하기

여러분의 혈액형은 무엇인가요? 주변 사람들의 혈액형을 물어본 적이 있나요? 혈액형마다 특징이 다르다는 이야기를 한번쯤 들어봤을 겁니다. 그러한 이야기들이 다 맞아떨어지는 것은 아니지만 어느 정도 공감을 얻는 부분이 있기에 주변 사람들의 혈액형을 궁금해하는 듯합니다.

예를 들어, CEO를 대상으로 잡코리아에서 조사한 결과에 따르면 A형은 CEO, 경영, 사무 관련 직무, B형은 생산, 현장 관련 직무, O형은 영업, 관리 관련 직무, AB형은 마케팅, 광고 홍보 관련 직무의 비율이 가장 높았다고 합니다.

그림 9-5
내 주변 사람들의 혈액형
은 무엇일까요?

여러 결과를 보며 누군가는 이런 궁금증을 가질 것입니다.

'내 주변의 사람들은 어떤 혈액형이 가장 많을까?'

이러한 궁금증을 해결하고자 조사한 각 혈액형의 비율을 pie( ) 함수로 표현하겠습니다. 만약 여러분도 같은 궁금증이 생겼다면 나름대로 조사한 결과를 pie( ) 함수로 표현해 보세요. 물론 임의의 수치를 넣어도 괜찮습니다. 혈액형은 A, B, O, AB로 구분해 봅시다.

■ pie( ) 함수

'원그래프'라고도 불리는 파이 차트(pie chart)는 평소 뉴스나 신문에서 많이 봤던 형태입니다. pie( ) 함수는 전체 데이터 중 특정 데이터의 비율을 보기 쉽게 표현합니다. 예를 들어, 100명을 대상으로 혈액형을 조사했다면 100명 중 A형이 몇 명인지 그 비율을 쉽게 파악할 수 있습니다.

다음은 pie( ) 함수를 사용한 예로, pyplot 라이브러리를 불러온 후 pie( ) 함수의 괄호 안에 값을 입력하여 파이 차트를 그리는 코드입니다.

```
import matplotlib.pyplot as plt
plt.pie([10, 20])
plt.show()
```

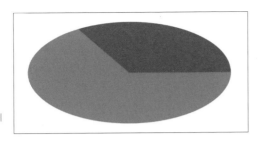

그림 9-6
pie() 함수로 그린 파이
차트

그런데 파이 차트가 다소 찌그러져 있네요. 파이 차트를 좀 더 동그랗게 표현하
려면 어떻게 해야 할까요?

■ 동그란 원 그리기

파이 차트를 조금 더 동그란 원으로 표현하겠습니다. axis( ) 함수를 추가하여
동그란 원을 그릴 수 있습니다. 여기에서는 혈액형 비율을 임의로 작성하여 파이
차트로 표현하겠습니다.

```
import matplotlib.pyplot as plt
size = [2441, 2312, 1031, 1233]
plt.axis('equal')
plt.pie(size)
plt.show()
```

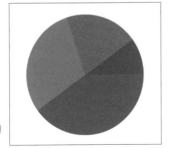

그림 9-7
axis() 함수로 동그란 원
을 그린 결과

size라는 리스트에 저장된 값을 모두 합친 값을 기준으로, 각 값이 차지하는 비율이 동그란 파이 차트로 표현되었습니다. 하지만 어떤 색이 A형이며, 정확히 몇 퍼센트(%)인지 표시해야 더욱 유용할 것 같네요. 하나씩 해결해 봅시다.

■ 레이블 추가하기

우리는 물건을 살 때 가격표나 성분이 적힌 종이인 레이블을 보곤 합니다. 그래프를 읽을 때도 어느 부분이 무엇을 나타내는지 적어 둔 것을 읽습니다. 이러한 정보를 적어 놓은 것을 '레이블(lable)'이라 부릅니다. 그래프에 레이블을 추가하여 각 그래프가 어떤 항목을 의미하는지 표현할 수 있습니다.

본격적으로 파이 차트에 각 항목의 이름을 표현해 볼까요? 앞에서 보았던 코드에 명령어를 추가해 봅시다. size 리스트에 저장된 데이터의 개수가 4개이므로, label이라는 리스트에 4개의 항목을 저장합니다. 이후 pie( ) 함수의 labels 속성에 값을 넣어 각 항목의 의미를 쉽게 알아볼 수 있게 합니다.

```
import matplotlib.pyplot as plt
plt.rc('font', family='Malgun Gothic')      # 그래프에 한글 표시
size = [2441, 2312, 1031, 1233]             # 데이터
label = ['A형','B형','AB형', 'O형']          # 레이블
plt.axis('equal')
plt.pie(size, labels=label)
plt.show()
```

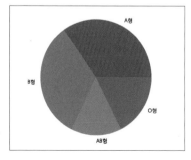

그림 9-8
레이블로 항목의 이름을
추가한 결과

size 리스트에 저장된 값들이 반시계방향으로 표현된 것을 확인할 수 있습니다. 이때 파이 차트의 시작 지점은 3시 방향이군요!

■ 비율 및 범례 표시하기

레이블을 추가하니 각 그래프가 어떤 항목을 의미하는지 쉽게 파악할 수 있습니다. 하지만 그림 9-8 그래프에서 A형과 B형처럼 비율이 비슷한 항목의 경우, 어떤 혈액형의 비율이 더 높은지 구분하기가 어렵습니다. pie( ) 함수의 autopct 속성을 사용하여 각 항목의 비율을 표시해 볼까요?

autopct 속성은 auto percent를 의미하며, 어떤 형태로 값을 표시할지 작성하면 각 항목의 비율을 자동으로 계산해서 표시합니다. 정확한 계산을 위해 소수점까지 나타내는 float(실수) 형태로 표시해 봅시다.

소수점 아래 둘째 자리에서 반올림한 값을 표시하고자 autopct 속성의 값을 %.1f%%로 지정합니다. 소수점 아래 첫 번째 소수점까지 표현하겠다는 의미입니다. 그리고 legend( ) 함수를 사용해 범례도 간단히 추가합니다.

```python
import matplotlib.pyplot as plt
plt.rc('font', family='Malgun Gothic')
size = [2441, 2312, 1031, 1233]
label = ['A형','B형','AB형', 'O형']
plt.axis('equal')
plt.pie(size, labels=label, autopct='%.1f%%')
plt.legend()
plt.show()
```

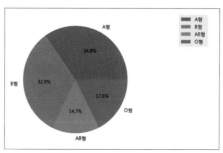

그림 9-9
autopct 속성으로 정확한 수치를 표시하고 범례를 추가한 결과

■ 색 및 돌출 효과 정하기

이제 조금만 더 손을 보면 그럴듯한 파이 차트를 만들 수 있을 것 같습니다. 차트의 색을 조금 더 예쁘게 바꾸고, 특정 혈액형이 돌출되도록 하겠습니다.

우선 색은 colors 속성으로 설정할 수 있습니다. colors 속성에 다양한 값을 쉽게 설정할 수 있게 color 리스트를 사용해 볼까요? 항목 순서대로 설정하고 싶은 색의 이름을 저장하여 표현할 수 있습니다.

또한, 특정 혈액형의 비율이 돌출하는 효과는 explode 속성으로 설정할 수 있습니다. 돌출되는 정도는 데이터 순서에 따라 설정할 수 있습니다. 0은 돌출되지 않음을 의미합니다. 여기서는 가장 적은 비율을 차지하는 AB형을 강조하겠습니다. A형, B형, AB형, O형 순서로 값이 저장되어 있으므로 0, 0, 0.1, 0으로 설정합니다.

```
import matplotlib.pyplot as plt
plt.rc('font', family='Malgun Gothic')
size = [2441, 2312, 1031, 1233]
label = ['A형','B형','AB형', 'O형']
color = ['darkmagenta', 'deeppink', 'hotpink', 'pink']
plt.axis('equal')
plt.pie(size, labels=label, autopct='%.1f%%', colors=color,
explode=(0,0,0.1,0))
plt.legend()
plt.show()
```

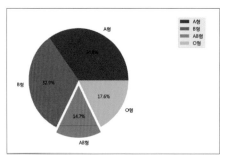

그림 9-10
파이 차트의 색상을 바꾸고 AB형이 돌출되도록 수정한 결과

잠깐만요

matplotlib 라이브러리에서 사용할 수 있는 다양한 색의 이름

matplotlib 라이브러리에서는 다음과 같이 다양한 색의 이름을 사용할 수 있습니다.

- URL https://matplotlib.org/gallery/color/named_colors.html

이렇게 이름을 사용하는 것 외에도 RGB 코드를 활용해서 표현할 수도 있지만 이 책에서는 다루지 않습니다. 더 자세한 내용은 matplotlib.org에서 확인하세요.

- URL http://bit.ly/2RNcLge

3 제주도의 성별 인구 비율 표현하기

파이 차트를 다루는 여러 속성들을 살펴보았으니, 다시 돌아가서 제주도의 성별 인구 비율을 표현해 봅시다. 항아리 모양의 그래프에서는 연령대별 성별 데이터를 구했지만, 이번에는 성별 합계 데이터를 구해야 합니다. 인구 데이터를 다시 볼까요?

열 이름	남성 연령별 인구수								여성 연령별 인구수						
열 이름	지역명	총인구1	총인구2	0세	1세	(생략)	99세	100세 이상	총인구1	총인구2	0세	1세	(생략)	99세	100세 이상
인덱스 번호	0	1	2	3	4	...	102	103	104	105	106	107	...	205	206

표 9-1
남성 데이터에 이어서
여성 데이터가 나옴

이전에 만들었던 항아리 모양의 그래프는 연령별 인구를 표현해야 했기에 row 리스트에서 남성 연령별 인구 데이터는 m 리스트에 저장하고, 여성 연령별 인구 데이터는 f 리스트에 저장했습니다.

그에 반해, 성별 합계 데이터를 구하려면 남성 인구 총합과 여성 인구 총합을 저장할 변수 2개가 필요합니다. 남성 인구는 row 리스트의 3~103번까지, 여성 인구는 row 리스트의 106~206번까지의 데이터를 더하여 구할 수 있습니다.

range() 함수를 사용하면 row 리스트의 인덱스를 좀더 쉽게 다룰 수 있습니다. 남성과 여성의 합계를 각각 구한 후에는 size 리스트에 성별 인구 합계를 추가하여 결과를 출력하도록 코드를 수정하였습니다.

```
import csv

f = open('gender.csv')
data = csv.reader(f)
size = []
name = input('찾고 싶은 지역의 이름을 알려주세요 : ')
```

```
for row in data :
    if name in row[0] :
        m = 0
        f = 0
        for i in range(101) :
            m += int(row[i+3])      # 3 ~ 103번까지 데이터 더하기
            f += int(row[i+106])    # 106 ~ 206번까지 데이터 더하기
        break
size.append(m)                      # 남성 합계 데이터 리스트에 추가
size.append(f)                      # 여성 합계 데이터 리스트에 추가
print(size)
```

실행 결과

찾고 싶은 지역의 이름을 알려주세요 : 제주특별자치도 ➡ 입력

[335813, 331524]

TIP
여러분의 실행 결과는 책과 다를 수 있습니다.

결과를 보니 남성이 더 많다는 것을 알 수 있는데요. 이제 이 결과를 파이 차트로 표현하기만 하면 됩니다.

```
import matplotlib.pyplot as plt
plt.rc('font', family='Malgun Gothic')
color = ['crimson', 'darkcyan']
plt.axis('equal')
plt.pie(size, labels=['남', '여'], autopct='%.1f%%', colors=color,
startangle=90)
plt.title(name+' 지역의 남녀 성별 비율')
plt.show()
```

TIP
실행 결과 그래프는 생략하겠습니다. 그림 9-11에서 확인할 수 있습니다(139쪽).

파이 차트의 시작 각도를 지정하는 startangle 속성

startangle 속성은 파이 차트의 시작 각도를 정해줍니다. startangle 속성 값을 90으로 설정하면
반시계방향으로 90도 이동하여, 12시 정각 위치에서 그래프가 시작됩니다.

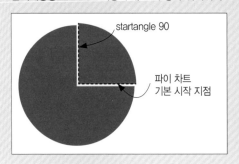

이번 시간에는 파이 차트를 사용하는 방법과 파이 차트로 성별 비율을 표현하였
습니다. 다음은 전체 코드입니다.

원하는 지역의 성별 인구를 파이 차트로 그리기

```python
import csv

f = open('gender.csv')
data = csv.reader(f)            # 데이터 불러오기

size = []                       # 남녀 인구수를 저장할 빈 리스트 만들기

name = input('찾고 싶은 지역의 이름을 알려주세요 : ') # 지역 이름 입력받기
for row in data :
    if name in row[0] :        # name과 일치하는 지역 찾기
```

```
        m = 0                        # 남성 인구수를 누적해서 더할 변수 초기화하기
        f = 0                        # 여성 인구수를 누적해서 더할 변수 초기화하기
        for i in range(101) :
            m += int(row[i+3])       # 남성 인구수를 누적해서 더하기
            f += int(row[i+106])     # 여성 인구수를 누적해서 더하기
        break                        # 반복 종료
size.append(m)                       # 남성 인구수를 size 리스트에 더하기
size.append(f)                       # 여성 인구수를 size 리스트에 더하기

import matplotlib.pyplot as plt
plt.rc('font', family='Malgun Gothic')
color = ['crimson', 'darkcyan']   # 색상 설정하기
plt.axis('equal')

plt.pie(size, labels=['남', '여'], autopct='%.1f%%', colors=color,
startangle=90)
plt.title(name+' 지역의 남녀 성별 비율')   # 제목 설정하기
plt.show()
```

실행 결과

찾고 싶은 지역의 이름을 알려주세요: 제주특별자치도 ➡ 입력

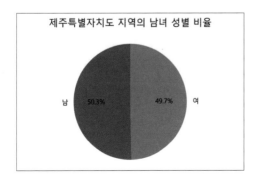

그림 9-11
제주도의 남녀 성별
비율을 파이 차트로
나타낸 최종 결과

UNIT 10

우리 동네 인구 구조를 산점도로 나타내기

DATA ANALYSIS FOR EVERYONE

🔵 **실습 데이터** Unit10/unit10-01.ipynb, gender.csv

Unit 9에서는 제주도의 남녀 성별 비율을 알아보고자 파이 차트로 시각화하였습니다. 그림 10-1을 보니 제주도의 남녀 비율은 거의 50:50인 것을 한눈에 알 수 있습니다.

그림 10-1
제주도의 남녀 성별 비율

그러면 연령대별로 성별 비율은 어떻게 다를까요?

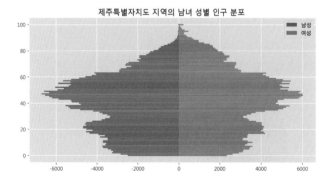

그림 10-2
80대 이후는 여성이 많고 40대 후반은 남성이 많음

Unit 9에서 만들었던 항아리 모양의 수평 막대그래프를 다시 확인하니 80대 이후에는 여성이 많고 40대 후반 무렵에는 남성이 더 많은 것 같습니다. 더 자세히 살펴보면 20대는 남성이 더 많고, 30대는 비슷한 것 같습니다. 하지만 정확하게 어떻게 다른지 한눈에 알아보기는 어렵습니다.

어떻게 하면 제주도의 연령대별 성별 비율을 지금보다 더 알아보기 쉽게 표현할 수 있을까요?

1 꺾은선 그래프로 표현하기

먼저 남성 데이터와 여성 데이터를 서로 다른 색의 꺾은선 그래프로 표현하면 연령대별 성별 비율을 쉽게 알 수 있습니다.

코드를 작성해 보겠습니다. 먼저 데이터를 불러오고 연령별 남성, 여성 인구 숫자를 저장할 리스트를 하나씩 만듭니다.

```
import csv
f = open('gender.csv')
data = csv.reader(f)
m = []
f = []
```

그리고 Unit 9에서 했던 것처럼 name이라는 변수에 알고 싶은 지역의 이름을 입력해서 남성과 여성의 연령별 인구를 각 리스트에 추가합니다. for 반복문을 보면, 앞에서 봤던 것과 조금 다른 방식으로 남성과 여성 데이터를 분류한 것을 알 수 있습니다.

```
name = input('궁금한 동네를 입력해주세요:')
for row in data :
    if name in row[0] :
```

```
        for i in range(3,104) :
            m.append(int(row[i]))        # 남성 데이터 저장하기
            f.append(int(row[i+103]))    # 여성 데이터 저장하기
        break
```

TIP

Unit 9에서 성별 데이터를 구분한 방식을 살펴보세요. 하나의 문제를 다양한 방법으로 해결할 수 있음을 알 수 있습니다. 여기에서 제시한 방법 외에 또 다른 방법으로 문제를 해결해 보세요.

마지막으로 남성과 여성 데이터를 꺾은선 그래프로 나타냅니다.

```
import matplotlib.pyplot as plt
plt.plot(m, label='Male')
plt.plot(f, label='Female')
plt.legend()
plt.show()
```

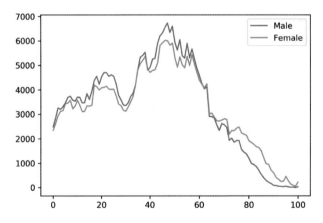

그림 10-3
제주도의 성별 인구를
꺾은선 그래프로 나타낸
결과

꺾은선 그래프로 나타냈더니, 항아리 모양 그래프로 나타냈을 때보다 남녀 인구의 차이가 눈에 더 잘 들어옵니다.

이번에는 또 다른 방법을 생각해 보겠습니다. 연령별로 남성 인구수에서 여성 인구수를 뺀 차이를 막대그래프로 표현하면, 연령대별로 성별이 어떻게 차이가 나는지 쉽게 알 수 있습니다.

2 막대그래프로 표현하기

앞에서 작성했던 코드를 조금 변형해서 연령대별 남성 인구에서 여성 인구를 뺀 값을 result라는 리스트에 추가합니다.

```
import csv
f = open('gender.csv')
data = csv.reader(f)
result = []
name = input('궁금한 동네를 입력해주세요:')
for row in data :
    if name in row[0] :
        for i in range(3,104) :
            result.append(int(row[i]) - int(row[i+103]))
        break
```

그리고 막대그래프로 데이터를 출력합니다.

```
import matplotlib.pyplot as plt
plt.bar(range(101), result)
plt.show()
```

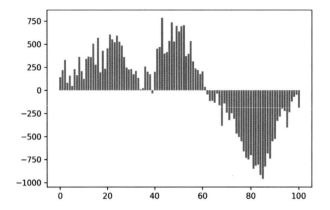

그림 10-4
막대그래프로 나타낸
제주도의 남녀 인구수

큰 변화가 보이네요. 60대를 기준으로 그보다 나이가 적은 인구는 남성이 많지만, 60대 이상 인구는 여성이 많다는 것이 확연히 드러납니다.

지금까지 연령, 성별을 기준으로 정리된 데이터를 바탕으로 남성 인구와 여성 인구의 차이를 항아리 모양의 그래프, 꺾은선 그래프, 막대그래프로 표현하였습니다. 이처럼 같은 데이터라도 다양한 형태로 시각화하면 데이터에 숨겨진 다양한 사실을 발견할 수 있습니다.

3 산점도로 표현하기

이번에는 데이터 간의 관계를 파악하는 데 도움이 되는 산점도를 그려보고자 합니다. 산점도는 가로축과 세로축을 기준으로 두 요소가 서로 어떤 관계를 맺고 있는지를 파악하기 쉽게 나타낸 그래프입니다.

예를 들어, 가로축을 제주도 지역의 남성 인구수, 세로축을 제주도 지역의 여성 인구수라고 설정합니다. 두 요소를 기준으로 그린 산점도는 남성 인구수와 여성 인구수 사이에 어떤 관계가 있는지 파악하기 쉽습니다.

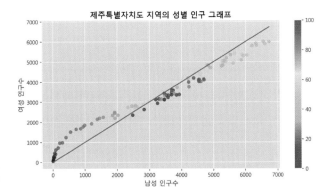

그림 10-5
남성과 여성 인구수를
산점도로 나타낸 결과

그림 10-5를 보면 산점도 내 다양한 색상의 점이 있습니다. 이 점들은 연령대에 따른 인구를 뜻하며, 그래프 오른쪽에 있는 컬러바(colorbar)를 참고하여 각 점의 색깔로 나이대를 알 수 있습니다.

또한 여기에서 대각선으로 그려진 초록색 선은 남성과 여성이 동일한 비율일 때를 의미합니다. 노란색 계열의 점을 기준으로 왼쪽에 있는 점들은 초록색 선 위에, 오른쪽에 있는 점들은 초록색 선 아래에 밀집해 있네요. 이를 통해 노란색, 즉 60대 초중반 즈음을 기점으로 남녀의 성비가 바뀐다는 사실을 알 수 있습니다.

그리고 그림 10-6과 같이 남녀 연령대별 인구수를 점의 크기로 나타내는 것도 가능합니다.

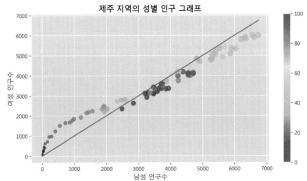

그림 10-6
남녀 연령대별 인구수를
점의 크기로 나타낸 결과

TIP 격자 무늬 스타일을 지정하는 코드는 생략하였습니다.

이렇게 점의 크기로 또 다른 정보를 표현할 수 있는 산점도를 '버블 차트'라고도 합니다.

버블 차트는 데이터를 의미하는 점들의 분포로 상관관계를 파악할 수 있다는 점에서 산점도와 비슷합니다. 점의 크기를 다르게 하여 버블로 표현하며, 버블을 겹쳐서 표현할 수도 있습니다. 버블의 위치로는 남녀 성비를, 버블의 크기로는 연령대별 인구수를 표현할 수 있듯이 하나의 그래프 안에 남녀 성비, 연령대별 인구수 등 다양한 정보를 담을 수 있습니다.

그러면 이와 같은 형태로 데이터를 표현하려면 어떻게 해야 할까요?

4 scatter( ) 함수로 표현하기

산점도는 scatter( ) 함수를 사용하여 표현할 수 있습니다. 'scatter'라는 단어는 '흩뿌리다, 사방으로 흩어지다' 등의 의미로, 산점도는 여기저기 점이 흩어진 모양의 그래프를 의미합니다.

산점도는 x축과 y축에 해당하는 데이터의 상관관계를 표현할 때 사용하며 점이 흩어져있는 그래프라는 의미입니다. 두 개의 축을 기준으로 데이터가 얼마나 퍼져있는지(분포) 알 수 있어 '산포도(散布度)'라고도 불립니다.

scatter( ) 함수는 bar( ) 함수와 비슷하게 x축에 해당하는 데이터와 y축에 해당하는 데이터를 각각 넣으면 그에 해당하는 산점도가 그려집니다.

다음 코드에서 입력된 데이터를 순서쌍으로 표현하면 (1, 10), (2, 30), (3, 20), (4, 40)입니다. 따라서 해당 좌표에 점이 찍힌 산점도가 그려집니다.

```
import matplotlib.pyplot as plt
plt.scatter([1,2,3,4], [10,30,20,40])
plt.show()
```

TIP
격자 무늬 스타일을 지정하고 싶을 경우 다음 코드를 둘째줄에 추가하면 됩니다.
plt.style.use('ggplot')

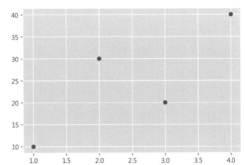

그림 10-7
scatter() 함수를 사용
해서 좌표 데이터를 산점
도로 나타낸 모습

5 버블 차트로 표현하기

scatter() 함수는 버블 차트를 그릴 때도 사용할 수 있습니다. scatter() 함수
로 버블 차트를 나타내려면 기존 코드에서 size를 의미하는 s 속성을 추가하고
원하는 크기를 입력합니다. 간단하죠?

```
import matplotlib.pyplot as plt
plt.scatter([1,2,3,4], [10,30,20,40], s=[100,200,250,300])
plt.show()
```

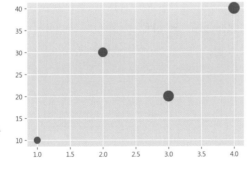

그림 10-8
s 속성으로 점의 크기를
지정하여 나타낸
버블 차트

그리고 여기에 c라는 속성을 추가하면 각 점의 색상도 정할 수 있습니다.

```
import matplotlib.pyplot as plt
plt.scatter([1,2,3,4], [10,30,20,40], s=[30,60,90,120], c=['red',
'blue','green','gold'])
plt.show()
```

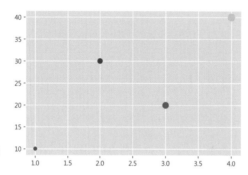

그림 10-9
c 속성으로 점의 색상을
지정한 모습

뭔가 좀 심심하죠? colorbar() 함수를 사용하면 그래프 옆에 컬러바를 추가할
수 있습니다.

scatter() 함수에 c 속성을 추가하여 표현하고 싶은 색상의 개수를 설정하면 각
데이터에 해당하는 컬러바의 색으로 정해집니다. 여기서는 4개의 점을 각각 다
른 색으로 표현하기 위해 c=range(4)를 추가하였습니다.

```
import matplotlib.pyplot as plt
plt.scatter([1,2,3,4], [10,30,20,40], s=[30,60,90,120], c=range(4))
plt.colorbar()
plt.show()
```

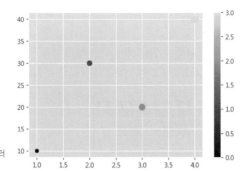

그림 10-10

colorbar() 함수로 컬러
바를 추가한 모습

그리고 cmap이라는 컬러맵 속성을 사용하면 컬러바에 사용될 색상의 종류를 정

할 수 있습니다. 여기에서는 무지개색과 비슷한 jet 컬러맵을 사용하겠습니다.

```
import matplotlib.pyplot as plt
plt.scatter([1,2,3,4], [10,30,20,40], s=[30,60,90,120], c=range(4),
cmap='jet')
plt.colorbar()
plt.show()
```

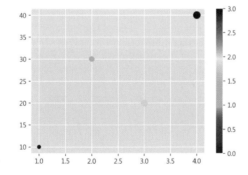

그림 10-11

cmap 속성으로 jet
컬러맵을 지정한 결과

matplotlib 라이브러리에서 사용할 수 있는 다양한 컬러맵의 종류

matplotlib 라이브러리에서는 다음과 같이 다양한 컬러맵을 사용할 수 있습니다.

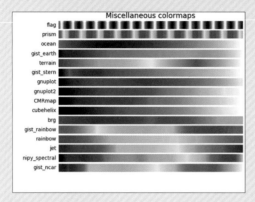

이외에도 다양한 컬러맵이 많습니다. 더 자세한 내용은 matplotlib.org에서 확인하세요.

- URL https://matplotlib.org/tutorials/colors/colormaps.html

지금까지는 기본적인 내용을 이해하는 것에 집중하기 위해 4개의 점만을 표현했기 때문에 산점도라는 말이 크게 와닿지 않았을 겁니다. 그래서 이번에는 랜덤 함수를 활용해 위치와 크기가 서로 다른 100개의 점들을 만들겠습니다.

```python
import matplotlib.pyplot as plt
import random
x = []
y = []
size = []
for i in range(100) :
    x.append(random.randint(50,100))
    y.append(random.randint(50,100))
    size.append(random.randint(10,100))
plt.scatter(x, y, s=size)
plt.show()
```

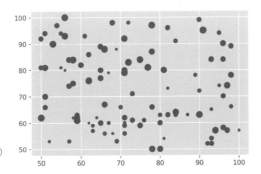

그림 10-12

크기와 위치가 다른 100
개의 점을 나타낸 결과

이제 컬러바를 넣겠습니다. 앞에서는 range(4)와 같이 순서대로 색을 부여했지만, size 리스트를 사용하면 크기에 따라 다른 색을 표현할 수 있습니다.

```
plt.scatter(x, y, s=size, c=size, cmap='jet')
plt.colorbar()
plt.show()
```

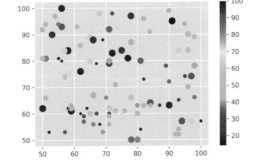

그림 10-13

크기와 위치, 색상이
다른 100개의 점을
나타낸 결과

그런데 이렇게 표현하니 작은 점이 큰 점에 가려지네요. 이럴 때는 alpha 속성으로 투명도를 조절할 수 있습니다. alpha 속성값의 범위는 0부터 1까지이며, 0에 가까울수록 투명하고, 1에 가까울수록 불투명합니다.

```
plt.scatter(x, y, s=size, c=size, cmap='jet', alpha=0.7)
plt.colorbar()
plt.show()
```

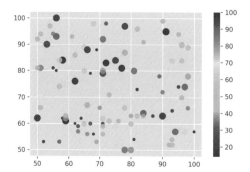

그림 10-14

alpha 속성으로 점의
투명도를 조정한 결과

잠깐 만요

c 속성에 대하여

c 속성은 표현하고 싶은 색상의 수를 의미합니다. c 속성에 다양한 값을 넣어 각 값이 표현하는
그래프를 직접 확인하며 데이터 시각화에 적절한 색상 표현을 연습하세요.

다음 코드는 x축에 해당하는 값의 수만큼 색상의 수를 지정한 예입니다.

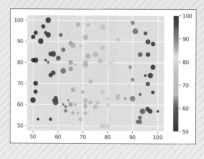

6 제주도의 연령대별 성별 비율을 산점도로 표현하기

다시 성별 인구 데이터로 돌아오겠습니다. 다음 코드는 앞에서 꺾은선 그래프로 남녀 인구를 표현할 때 사용했던 코드와 같은 코드입니다.

```python
import csv
f = open('gender.csv')
data = csv.reader(f)
m = []
f = []
name = input('궁금한 동네를 입력해주세요:')
for row in data :
    if name in row[0] :
        for i in range(3,104) :
            m.append(int(row[i]))
            f.append(int(row[i+103]))
        break
```

이제 여기에서 scatter() 함수에 연령별 남성 및 여성 인구수를 입력하면 다음과 같은 결과가 나타납니다.

```python
import matplotlib.pyplot as plt
plt.scatter(m, f)
plt.show()
```

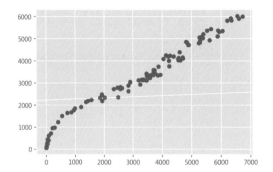

그림 10-15
연령별 남성과 여성의
인구수를 표현한 결과

여기에 연령에 따른 컬러맵을 적용합니다. 또 남성 인구수 중 가장 큰 값을 기준
으로 y = x 형태의 직선, 즉 추세선을 그려 어떤 성별의 인구가 더 많은지 한눈에
들어오도록 합니다.

```python
import matplotlib.pyplot as plt
plt.scatter(m, f, c= range(101), alpha=0.5, cmap='jet') # 컬러맵 적용
plt.colorbar()
plt.plot(range(max(m)),range(max(m)), 'g') # 추세선 추가
plt.show()
```

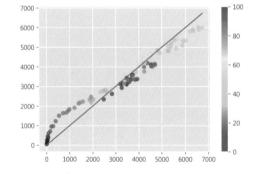

그림 10-16
연령을 컬러맵으로
표현하고 추세선을
추가한 결과

마지막으로 연령별 남성과 여성 인구수를 합친 값을 size 리스트에 넣어 점의 크기를 표현하면 완성입니다. 이때 math 라이브러리에 있는 제곱근 함수인 sqrt()를 사용하여 점의 크기를 적절히 조절하고 x, y축의 이름을 xlabel(), ylabel() 함수로 정해줍니다.

다음은 이를 적용한 전체 코드입니다.

제주도의 연령대별 성별 비율을 산점도로 표현하기

```python
import csv
import math
f = open('gender.csv')
data = csv.reader(f)
m = []
f = []
size = []
name = input('궁금한 동네를 입력해주세요 : ')
for row in data :
    if name in row[0] :
        for i in range(3,104) :
            m.append(int(row[i]))
            f.append(int(row[i+103]))
            size.append(math.sqrt(int(row[i])+int(row[i+103])))
        break
import matplotlib.pyplot as plt
plt.style.use('ggplot')
plt.rc('font',family='Malgun Gothic')
plt.figure(figsize=(10,5), dpi=300)
plt.title(name+' 지역의 성별 인구 그래프')
```

```python
plt.scatter(m, f, s=size, c=range(101), alpha=0.5, cmap='jet')
plt.colorbar()
plt.plot(range(max(m)),range(max(m)), 'g')
plt.xlabel('남성 인구수')
plt.ylabel('여성 인구수')
plt.show()
```

실행
결과

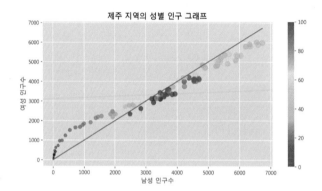

그림 10-17
제목, x축과 y축에
레이블을 추가한 결과

TIP sqrt() 함수를 사용하지 않으면 어떤 결과가 나타나는지 살펴보고 제곱근을 적용하면 어떤 효과가 생기는지 생각해
보세요.

넷 째 마 당

대중교통
데이터 프로젝트

여러분은 얼마나 자주 대중교통을 이용하나요? 대중교통은
정해진 노선과 계획된 시간에 따라 운행되며 정해진 요금을
지불하여 이용할 수 있는 서비스를 말합니다. 대중교통을 이
용하는 사람이 많아질수록 대기 오염과 교통 체증을 줄일 수
있지요. 또한, 일주일에 하루씩 자동차 운전을 줄이고 대중교
통을 이용하면 연간 약 30만 원을 절약하는 경제적 효과도 있
습니다. 그렇다면 대중교통을 이용하는 승객은 얼마나
될까요? 넷째 마당에서는 수도권 대중교통 데이터를
바탕으로 시각화를 연습합시다.

UNIT 11

대중교통 데이터 시각화하기

DATA ANALYSIS FOR EVERYONE

◉ **실습 데이터** Unit11/unit11-01.ipynb, subwayfee.csv

1 대중교통 데이터 내려받기

❶ 수도권 대중교통 데이터는 국가기관이 아닌 티머니 홈페이지(https://www. t-money.co.kr/)에서 제공합니다. 따로 로그인 절차 없이 홈페이지에 접속해서 **이용안내**를 선택합니다.

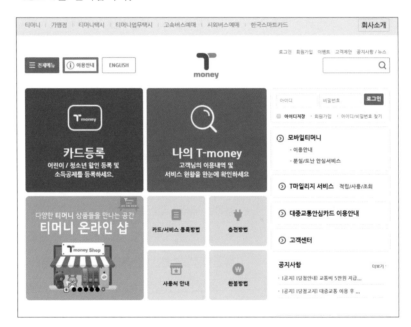

그림 11-1
티머니 홈페이지

❷ 이용안내메인 창에서 **대중교통 통계자료**를 선택합니다.

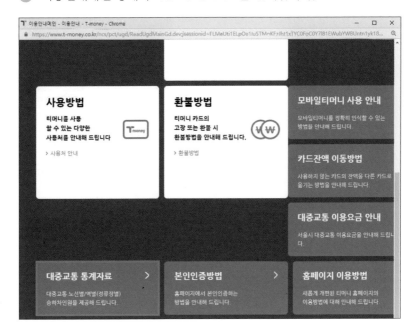

❸ 최근 월간 교통카드 통계자료 게시글에서 엑셀 첨부 파일을 클릭해서 내려받습니다.

TIP 이 책에서는 2019년 1월 데이터를 기준으로 하며 책과 함께 제공하는 예제 파일에 포함되어 있습니다(subwayfee.csv).

❹ 내려받은 파일을 열어보면 '버스정류장별 이용현황', '지하철 노선별 역별 이용현황', '지하철 유무임별 이용현황', '지하철 시간대별 이용현황' 이렇게 4개의 탭을 확인할 수 있습니다.

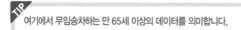

> TIP 여기에서는 수도권 대중교통 데이터로 프로젝트를 진행하지만 각 지방자치단체에서도 대중교통 데이터를 제공할 경우에는 여러분이 원하는 지역에 대한 프로젝트도 해 볼 수 있습니다.

지금부터 대중교통 데이터를 활용해서 다양한 시각화해보겠습니다. 우리가 먼저 활용할 데이터는 '지하철 유무임별 이용현황' 데이터입니다.

> TIP 여기에서 무임승차하는 만 65세 이상의 데이터를 의미합니다.

2 지하철 유무임별 이용현황 데이터 정제하기

❶ 4개의 탭 중 **지하철 유무임별 이용현황** 탭을 선택합니다.

	A	B	C	D	E	F	G	H	I	J
80	2019-02	3호선	0327	신사	817,809	880,088	63,720	61,312	2019-03-03 11:18:29	
81	2019-02	3호선	0328	잠원	129,832	123,812	32,751	31,719	2019-03-03 11:18:29	
82	2019-02	3호선	0329	고속터미널	1,580,755	1,522,042	170,511	161,884	2019-03-03 11:18:29	
83	2019-02	3호선	0330	교대(법원)	302,520	200,744	62,304	38,502	2019-03-03 11:18:29	
84	2019-02	3호선	0331	남부터미널	846,866	868,461	111,307	111,481	2019-03-03 11:18:29	
85	2019-02	3호선	0332	양재(서초-	878,157	946,867	144,229	145,099	2019-03-03 11:18:29	
86	2019-02	3호선	0333	매봉	236,286	226,501	50,752	46,754	2019-03-03 11:18:29	
87	2019-02	3호선	0334	도곡	118,750	121,628	24,169	20,995	2019-03-03 11:18:29	
88	2019-02	3호선	0335	대치	278,470	265,756	54,617	52,878	2019-03-03 11:18:29	
89	2019-02	3호선	0336	학여울	46,754	47,910	14,066	13,852	2019-03-03 11:18:29	
90	2019-02	3호선	0337	대청	206,979	184,922	47,562	45,502	2019-03-03 11:18:29	
91	2019-02	3호선	0338	일원	189,182	191,932	54,158	55,021	2019-03-03 11:18:29	
92	2019-02	3호선	0339	수서	388,002	387,718	89,881	87,808	2019-03-03 11:18:29	
93	2019-02	3호선	0340	가락시장	193,486	187,062	64,592	63,083	2019-03-03 11:18:29	
94	2019-02	3호선	0341	경찰병원	161,858	160,024	36,859	37,627	2019-03-03 11:18:29	
95	2019-02	3호선	0342	오금	147,287	130,836	25,433	23,822	2019-03-03 11:18:29	
96	2019-02	4호선	0409	당고개	255,615	236,124	81,789	81,059	2019-03-03 11:18:29	
97	2019-02	4호선	0410	상계	443,412	391,981	102,153	100,725	2019-03-03 11:18:29	
98	2019-02	4호선	0411	노원	512,566	590,865	82,381	80,343	2019-03-03 11:18:29	
99	2019-02	4호선	0412	창동	583,316	621,528	172,532	177,914	2019-03-03 11:18:29	
100	2019-02	4호선	0413	쌍문	714,644	622,580	148,198	143,960	2019-03-03 11:18:29	
101	2019-02	4호선	0414	수유(강북	821,922	815,290	183,540	182,933	2019-03-03 11:18:29	
102	2019-02	4호선	0415	미아(서울	333,344	306,319	105,278	103,796	2019-03-03 11:18:29	
103	2019-02	4호선	0416	미아사거리	618,571	599,207	159,151	157,396	2019-03-03 11:18:29	
104	2019-02	4호선	0417	길음	470,439	441,202	109,129	110,224	2019-03-03 11:18:29	
105	2019-02	4호선	0418	성신여대입	537,743	515,409	80,783	80,058	2019-03-03 11:18:29	
106	2019-02	4호선	0419	한성대입구	324,834	311,592	67,285	67,223	2019-03-03 11:18:29	
107	2019-02	4호선	0420	혜화	941,024	978,607	117,153	116,325	2019-03-03 11:18:29	
108	2019-02	4호선	0421	동대문	508,778	515,006	124,358	115,214	2019-03-03 11:18:29	
109	2019-02	4호선	0422	동대문역사	540,588	482,466	54,523	49,490	2019-03-03 11:18:29	
110	2019-02	4호선	0423	충무로	646,419			113,719	2019-03-03 11:18:29	

그림 11-5
지하철 유무임별 이용현황 데이터

❷ **파일 → 다른 이름으로** 저장을 눌러 파일 이름을 subwayfee.csv로 수정하고 파일 형식을 CSV로 선택한 후 **저장** 버튼을 누릅니다.

그림 11-6
subwayfree.csv
파일로 저장

> ✎ **TIP**
> CSV 파일 변환에 대한 자세한 내용은 Unit 7을 참고하세요.

데이터를 살펴보면 숫자에 콤마(,)가 포함되어 있고, '작업일시' 열(column)이 있습니다. 원활한 데이터 처리를 위해 불필요한 콤마를 지우고, 우리가 사용하지 않을 데이터인 '작업일시' 열도 지우겠습니다.

먼저 엑셀의 바꾸기 기능(Ctrl+F)을 활용해 콤마(,)를 모두 빈 문자로 바꿔줍니다.

그림 11-7

Ctrl+F를 눌러
','를 빈 문자로 모두
바꾸기

> **TIP** 빈 문자('')는 공백 문자(' ')와 다릅니다. 따라서 '바꿀 내용'에는 공백을 포함하여 아무런 내용도 작성하지 않아야 합니다.

바꾸기가 완료되었습니다.

그림 11-8

바꾸기 완료

> **TIP** 콤마(,)를 제거하는 것은 파이썬 코드로 처리할 수도 있습니다.
>
> row[4] = int(row[4].replace(',',''))

다음으로 '작업일시' 데이터가 있는 열을 삭제합니다. 열의 맨 위 알파벳 부분을 마우스 오른쪽으로 클릭하여 '삭제'를 선택합니다.

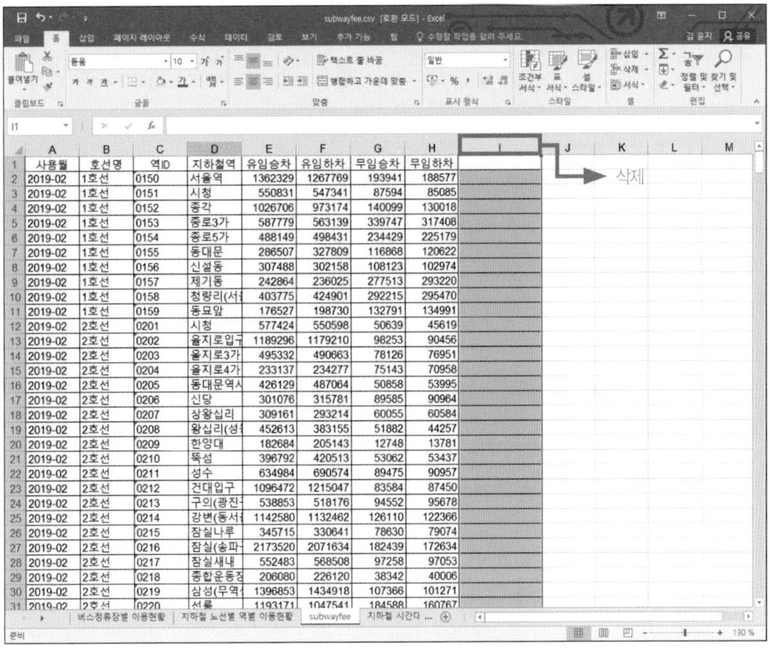

그림 11-9
'작업일시' 열을 삭제

이제 데이터가 잘 정제되었는지 확인해 볼까요?

```python
import csv

f = open('subwayfee.csv')

data = csv.reader(f)


for row in data :
    print(row)
```

['사용월', '호선명', '역ID', '지하철역', '유임 승차', '유임하차', '무임 승차', '무임하차']

['2019-01', '1호선', '0150', '서울역', '1516452', '1400464', '221180', '211764']

['2019-01', '1호선', '0151', '시청', '676932', '676266', '102388', '101033']

['2019-01', '1호선', '0152', '종각', '1240810', '1177643', '162410', '152062']

['2019-01', '1호선', '0153', '종로3가', '703110', '674148', '387062', '362735']

['2019-01', '1호선', '0154', '종로5가', '571824', '583955', '275447', '263687']

(생략)

실행 결과로 나온 데이터를 살펴보니 가장 윗줄에 각 열이 어떤 데이터인지 알려주는 헤더(header) 데이터가 있습니다. 또 4번 열부터 7번 열까지 데이터가 작은따옴표로 둘러싸인 것으로 보아 문자열로 처리되어 있네요. 헤더 데이터는 next( ) 함수로 제외하고 4번 열부터 7번 열까지 데이터는 정수(int)로 바꿔야겠습니다. 그래서 for 반복문을 사용해 각 열의 값을 정수로 바꿔줍니다.

```
next(data)
(생략)
    for i in range(4,8) :
        row[i] = int(row[i])
    print(row)
```

['2019-01', '1호선', '0150', '서울역', 1516452, 1400464, 221180, 211764]

['2019-01', '1호선', '0151', '시청', 676932, 676266, 102388, 101033]

['2019-01', '1호선', '0152', '종각', 1240810, 1177643, 162410, 152062]

['2019-01', '1호선', '0153', '종로3가', 703110, 674148, 387062, 362735]

['2019-01', '1호선', '0154', '종로5가', 571824, 583955, 275447, 263687]

(생략)

3 유임 승차 비율이 가장 높은 역은 어디일까

이제 데이터에 대한 질문을 해 보겠습니다. 어떤 것이 궁금한가요?

저는 가장 먼저 '유임 승차 비율이 가장 높은(또는 낮은) 역은 어디일지 궁금하네요.

유임 승차 비율이 가장 높은 역은 어디일까?

꼭 유임, 무임에 대한 질문이 아니더라도 유임과 무임 숫자를 합쳐서 각 역별 승차 인원에 대한 질문을 할 수도 있습니다.

이 질문을 해결하기 위한 알고리즘을 잠시 생각하겠습니다. 유임 승차 비율이 가장 높다는 것은 어떻게 구할 수 있을까요?

먼저 무임 승차와 비교하여 유임 승차의 비율이 얼마나 되는지 생각할 수 있겠지요. 예를 들어 10명이 유임 승차를 했고, 4명이 무임 승차를 했다면 유임 승차 인원의 비율은 무임 승차 인원의 2.5배가 됩니다. 이런 식으로 계산했을 때 rate 값이 최대인 곳을 어디일까요?

```
rate = 유임승차인원 / 무임승차인원
```

이 외에도 rate 값을 계산하는 방식은 다양할 수 있습니다.

그래서 다음과 같이 간단한 알고리즘을 생각할 수 있습니다.

1 | 데이터를 읽어온다.

2 | 모든 역의 데이터를 바탕으로 각 역의 비율(rate)을 계산한다.

3 | 비율이 가장 높은 역을 찾는다.

4 | 비율이 가장 높은 역이 어디인지, 그 비율이 얼마인지 출력한다.

1은 구현이 되어있기 때문에 **2~3**부터 구현해보겠습니다. 먼저 각 역의 비율 데이터를 저장할 rate라는 변수와 rate의 최댓값을 저장할 mx라는 변수를 0으로 초기화합니다.

그리고 유임 승차 인원(row[4])을 무임 승차 인원(row[6])으로 나눈 rate 값을 계산하고 rate 값이 최대일 때를 찾습니다. 이것은 앞에서도 많이 다뤘던 패턴이라 익숙할 것입니다.

```python
import csv
f = open('subwayfee.csv')
data = csv.reader(f)
next(data)
mx = 0
rate = 0
for row in data :
    for i in range(4,8) :
        row[i] = int(row[i])
    rate = row[4] / row[6]
    if rate > mx :
        mx = rate
print(mx)
```

> **TIP**
>
> 사실 rate 변수를 선언하고 초깃값을 넣지 않아도 오류가 발생하지 않지만, 변수를 선언하고 초기화하는 습관을 들이면 다른 프로그래밍 언어를 배울 때 어려움을 줄일 수 있어서 이 책에서는 가급적 변수를 선언합니다.

그런데 이렇게 코드를 작성하고 실행했더니 오류가 발생합니다.

실행 결과

```
-------------------------------------------------------------------
ZeroDivisionError                    Traceback (most recent call last)
〈ipython-input-6-852b60f527e2〉 in 〈module〉()
     8      for i in range(4,8):
     9          row[i] = int(row[i])
---〉 10     rate = row[4]/ row[6]
    11      if rate 〉 mx :
```

```
    12          mx = rate
ZeroDivisionError:division by zero
```

에러 메시지를 보니 0으로 값을 나눴다고 하네요. 아마 row[6] 값이 0인 역이 있는 것 같습니다. 다음과 같이 코드를 조금 수정해서 데이터를 확인했더니 row[6] 값이 0인 역들이 출력됩니다.

```
if row[6] == 0 :
    print(row)
```

['2019-01', '경원선', '1022', '창동', 19, 0, 0, 0]

['2019-01', '분당선', '1031', '복정', 25, 0, 0, 0]

['2019-01', '일산선', '1949', '지축', 2, 0, 0, 0]

['2019-01', '경의선', '1291', '서울역', 11, 0, 0, 0]

['2019-01', '경의선', '1293', '홍대입구', 2, 0, 0, 0]

['2019-01', '경의선', '1295', '김포공항', 10, 0, 0, 0]

['2019-01', '경의선', '1296', '계양', 7, 0, 0, 0]

['2019-01', '경의선', '1297', '검암', 5, 0, 0, 0]

> **TIP** 실행 결과는 데이터를 받은 시기에 따라서 달라질 수 있습니다. 원활한 학습을 위해 가급적 2019년 1월 데이터를 기준으로 먼저 실습해 보세요.

이제 row[6]에 대한 예외 처리(0이 아닌 경우)를 간단히 하고, rate가 가장 높은 역이 어디인지, 얼마나 비율이 높은지 확인하겠습니다.

```
if row[6] != 0 :                    # 만약 row[6](무임 승차 인원) 값이 0이 아니라면
    rate = row[4] / row[6]
    if rate > mx :                  # 만약 rate 값이 mx 값보다 크다면
        mx = rate                   # 만약 mx 값을 rate 값으로 업데이트하기
        print(row, round(rate,2))      # 업데이트된 값 출력하기
```

['2019-01', '1호선', '0150', '서울역', 1516452, 1400464, 221180, 211764] 6.86

['2019-01', '1호선', '0152', '종각', 1240810, 1177643, 162410, 152062] 7.64

['2019-01', '2호선', '0201', '시청', 706097, 679503, 61058, 55387] 11.56

['2019-01', '2호선', '0202', '을지로입구', 1415414, 1414980, 120425, 111592] 11.75

['2019-01', '2호선', '0209', '한양대', 233785, 256079, 15380, 16652] 15.2

['2019-01', '2호선', '0222', '강남', 3153418, 3210437, 186486, 167666] 16.91

['2019-01', '2호선', '0239', '홍대입구', 2351935, 2507561, 114832, 111488] 20.48

['2019-01', '3호선', '0321', '충무로', 55, 0, 2, 0] 27.5

TIP
round(rate, 2)는 rate 값을 소수점 둘째 자리까지 반올림하는 명령입니다.

여기서 결과가 여러 줄이 나오는 이유는 rate 값이 최댓값으로 업데이트될 때마다 해당 데이터와 rate 값을 출력하도록 만들었기 때문입니다. 따라서 가장 마지막 줄에 출력된 값이 우리가 찾는 데이터라고 생각하면 됩니다.

그런데 결과를 보니 충무로역의 데이터가 조금 이상하죠. 3호선 충무로역의 유임하차, 무임하차 값이 모두 0이네요. 충무로역은 3호선과 4호선이 운행되는 환승역으로, 4호선 충무로역의 값과 함께 처리해야 할 것입니다.

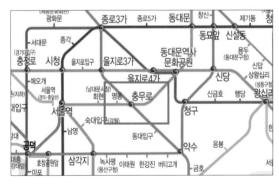

그림 11-10
충무로는 3호선과
4호선이 만나는 환승역

충무로역처럼 여러 개 호선으로 환승이 가능한 역의 경우 별도의 데이터 집계 방법이 있는 듯합니다. 하지만 우리는 그 방법을 정확히 알지 못하므로 유임 하차,

무임 하차 값이 0인 데이터를 어떻게 다룰지 고민해야 합니다.

이번에는 유임 승차의 비율을 무임 승차 인원과 비교하는 방법이 아닌, 전체 인원 중 유임 승차 인원을 구하는 방법으로 데이터를 다뤄봅시다. 즉, 다음과 같이 비율 계산 방식을 바꿉니다.

변경 전	변경 후
rate = 유임 승차 인원 / 무임 승차 인원	rate = 유임 승차 인원 / 전체(유임+무임) 인원

비율 계산 방식을 바꾸고, 유무임 승차 인원을 합해서 100,000명 이상인 경우만 찾는 것으로 코드를 수정했습니다.

```
if row[6] !=0 and (row[4]+row[6]) > 100000 :
    rate = row[4] / (row[4]+row[6])
(생략)
```

실행 결과

```
['2019-01', '1호선', '0150', '서울역', 1516452, 1400464, 221180, 211764] 0.87
['2019-01', '1호선', '0152', '종각', 1240810, 1177643, 162410, 152062] 0.88
['2019-01', '2호선', '0201', '시청', 706097, 679503, 61058, 55387] 0.92
['2019-01', '2호선', '0202', '을지로입구', 1415414, 1414980, 120425, 111592] 0.92
['2019-01', '2호선', '0209', '한양대', 233785, 256079, 15380, 16652] 0.94
['2019-01', '2호선', '0222', '강남', 3153418, 3210437, 186486, 167666] 0.94
['2019-01', '2호선', '0239', '홍대입구', 2351935, 2507561, 114832, 111488] 0.95
```

실행 결과를 보니 한양대, 홍대입구 같은 대학 근처 역과 서울역이나 강남역 같은 사람들이 많이 다니는 곳의 유임 승차 비율이 높은 것 같네요. 하지만 우리가 작성한 코드는 rate 값이 가장 큰 곳의 데이터를 출력해 나가는 과정을 보여주는 코드였습니다. 즉, 최대 rate 값이 발견될 때마다 해당 rate 값을 갖는 역의 데이터를 출력한 것이지요. 마지막 열에 출력된 rate 값의 변화를 살펴보면 값이 점차 증가하는 것을 볼 수 있습니다.

그렇다면 유임 승차 비율이 높은 역은 홍대입구역 하나일까요?

if 조건문의 코드를 다음과 같이 조금 수정해보았더니 다른 결과가 나옵니다.

```
if rate > 0.94 :
```

```
['2019-01', '2호선', '0222', '강남', 3153418, 3210437, 186486, 167666] 0.94

['2019-01', '2호선', '0239', '홍대입구', 2351935, 2507561, 114832, 111488] 0.95

['2019-01', '경부선', '1001', '서울역', 178223, 29980, 10325, 1612] 0.95

['2019-01', '9호선', '4125', '신논현', 965930, 995451, 57013, 54557] 0.94

['2019-01', '공항철도 1호선', '4203', '홍대입구', 336328, 335507, 17545, 17112] 0.95

['2019-01', '공항철도 1호선', '4206', '마곡나루', 133488, 119389, 8060, 8192] 0.94

['2019-01', '공항철도 1호선', '4207', '김포공항', 300654, 196229, 18640, 14332] 0.94

['2019-01', '공항철도 1호선', '4210', '청라국제도시', 174320, 164483, 9921, 9676] 0.95
```

이 결과는 앞의 결과보다 훨씬 재미있는 결과인 것 같습니다. 젊은 사람들이 많이 모이는 곳이라고 알려진 곳들이 많이 포함되어 있기 때문입니다. 그렇다면 평소에 들어보지 못했던 낯선 역 이름이라도 아마 젊은 사람들이 많이 모이는 곳이라는 것을 예측할 수 있을 겁니다.

그러면 이제 유임 승차 비율이 가장 높은 역에 대한 정보를 보기 쉽게 출력해 보겠습니다. 먼저 비율이 가장 높은 역이 어디인지 저장할 max_station이라는 변수를 빈 문자열('')로 초기화한 다음, 역 이름(row[3])과 몇 호선(row[1])인지를 출력하면 됩니다.

```python
import csv

f = open('subwayfee.csv')
data = csv.reader(f)
next(data)

mx = 0
rate = 0
mx_station = ''

for row in data :
    for i in range(4,8) :
        row[i] = int(row[i])
    if row[6] != 0 and (row[4]+row[6]) > 100000 :
        rate = row[4] / (row[4]+row[6])
        if rate > mx :
            mx = rate
            mx_station = row[3] + ' ' + row[1]

print(mx_station, round(mx*100,2))
```

실행 결과

홍대입구 2호선 95.34

2019년 1월을 기준으로 유임 승차 비율이 가장 높은 곳은 '홍대입구역'이라는 사실을 알 수 있네요!

4 유무임 승하차 인원이 가장 많은 역은 어디일까

데이터에 또 다른 질문을 던져보겠습니다. 유무임을 통틀어 승하차 인원이 가장 많은 역은 어디일까요? 이번에는 비율이 아니라 인원이 가장 많은 역을 찾는 것입니다.

> **TIP** 이 질문이 의미하는 것이 무엇일지 생각해 보고 또 다른 질문을 던져보세요. 데이터에 여러분만의 질문을 던지는 것이 가장 중요하니까요.

그러면 유임 승차, 유임 하차, 무임 승차, 무임 하차 인원이 가장 많은 역을 찾으면 되니까 다음과 같이 간단한 알고리즘을 생각할 수 있습니다.

1 │ 데이터를 읽어온다.
2 │ 모든 역의 데이터를 바탕으로 유임 승차, 유임 하차, 무임 승차, 무임 하차 인원이 가장 많은 역을 찾는다.
3 │ 각각의 인원이 가장 많은 역을 출력한다.

지금까지 했던 패턴과 비슷하지만, 이번에는 4가지 종류의 데이터를 알아보아야 한다는 점이 조금 다릅니다. 따라서 인원수를 저장할 공간 4개, 역의 정보를 저장할 공간 4개가 추가로 필요합니다.

유임 승차, 유임 하차, 무임 승차, 무임 하차 데이터가 4번 인덱스부터 7번 인덱스까지 순서대로 저장이 되어있으니 리스트와 반복문을 활용하면 좋겠네요.

> **TIP** 데이터 파일의 헤더 데이터는 다음과 같습니다.
> ['사용월', '호선명', '역ID', '지하철역', '유임 승차', '유임하차', '무임 승차', '무임하차']

그러면 데이터를 읽어오고 인원수와 역에 대한 정보를 저장할 공간부터 준비하습니다. 앞에서 사용했던 변수 mx, mx_station을 각각 숫자 0과 빈 문자열('')로 초기화된 4개의 리스트로 만들었습니다.

```
import csv
f = open('subwayfee.csv')
data = csv.reader(f)
next(data)
mx = [0] * 4
mx_station = [''] * 4
```

여기에서 mx와 mx_station를 출력하면 다음과 같은 값이 저장된 것을 볼 수 있습니다.
[0, 0, 0, 0]
['', '', '', '']

이제 모든 역에 대해 반복합니다(❶). 그리고 4번 인덱스인 유임 승차 인원수부터 7번 인덱스인 무임 하차 인원수까지 for 반복문으로 반복하며 데이터를 정수로 바꿉니다(❷). 이때 해당 역이 지금까지 저장된 최댓값보다 클 경우 mx와 mx_station의 값을 갱신합니다.

```
for row in data :                              # ❶
    for i in range(4,8) :
        row[i] = int(row[i])                   # ❷
        if row[i] > mx[i-4] :
            mx[i-4] = row[i]
            mx_station[i-4] = row[3] + ' ' + row[1]
```

마지막으로 각각의 인원이 가장 많은 역을 출력하면 결과를 확인할 수 있습니다.

```
for i in range(4) :
    print(mx_station[i], mx[i])
```

여기에 각각의 데이터가 어떤 것을 의미하는지 레이블을 추가하는 것으로 이 질문에 대한 답을 마치겠습니다.

유무임 승하차 인원이 가장 많은 역 찾기

```python
import csv
f = open('subwayfee.csv')
data = csv.reader(f)
next(data)
mx = [0] * 4
mx_station = [''] * 4
label = ['유임승차','유임하차','무임승차','무임하차']
for row in data :
    for i in range(4,8) :
        row[i] = int(row[i])
        if row[i] > mx[i-4] :
            mx[i-4] = row[i]
            mx_station[i-4] = row[3] +' '+ row[1]
for i in range(4) :
    print(label[i]+' : '+mx_station[i], mx[i])
```

실행 결과

유임승차 : 강남 2호선 3153418

유임하차 : 강남 2호선 3210437

무임승차 : 종로3가 1호선 387062

무임하차 : 제기동 1호선 400607

2019년 1월 데이터를 기준으로 유임 승차와 유임 하차 인원수가 가장 많은 곳은 2호선 강남역이었습니다.

300만 명이 넘는 사람들이 타고 내린다니 정말 놀랍네요.

 5 # 모든 역의 유무임 승하차 비율은 어떻게 될까

지금까지는 비율이 가장 높은 역, 인원 수가 가장 많은 특정한 역을 찾아보았는데요. 이번에는 데이터가 있는 모든 역에 대한 유무임 승하차 비율을 표현하겠습니다. 이걸 한눈에 보기 쉽게 표현하려면 어떤 형태가 좋을까요?

네, 이런 유형의 데이터는 파이 차트로 표현하면 좋겠네요. 그리고 지금까지 작성했던 코드를 조금만 수정하면 됩니다.

```python
import csv
import matplotlib.pyplot as plt

f = open('subwayfee.csv')
data = csv.reader(f)
next(data)
label = ['유임 승차','유임하차','무임 승차','무임하차']
for row in data :
    for i in range(4,8) :
        row[i] = int(row[i])
```

이제 여기에서 4번부터 7번 인덱스까지의 데이터를 파이 차트로 표현하면 됩니다. 모든 역에 대해서 말이죠. 파이 차트로 표현하는 코드는 Unit 10에서 배웠던 것처럼 다음과 같이 간단히 표현할 수 있습니다.

```
plt.pie(row[4:8])
plt.axis('equal')
plt.show()
```

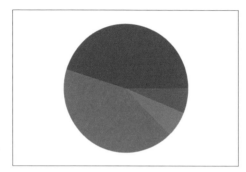

<u>그림 11-11</u>
여러 개의 파이 차트가
출력됨

실행이 잘 되었다면 순식간에 엄청 많은 양의 파이 차트가 생겨날 것입니다. 모든 역에 대한 파이 차트를 표현하는 코드였기 때문입니다. 아직 코드가 완성된 것은 아니므로 메뉴 상단에 있는 정지 버튼을 눌러서 실행 잠시 멈춘 뒤 코드를 완성하겠습니다.

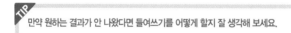

TIP
만약 원하는 결과가 안 나왔다면 들여쓰기를 어떻게 할지 잘 생각해 보세요.

코드는 어떻게 보완하면 좋을까요? 저는 다음과 같이 생각해 보았습니다.

1 | 어떤 역에 대한 차트인지 정보가 부족합니다.
2 | 비율을 수치로 정확하게 나타내면 좋겠습니다.
3 | 색상을 좀 더 예쁘게 바꾸고 싶을 수 있습니다.

다음은 역 이름을 제목으로 표시하고 각각의 비율과 레이블과 색상을 추가한 코드입니다.

```
c = ['#14CCC0', '#389993', '#FF1C6A', '#CC14AF']
plt.rc('font', family='Malgun Gothic')
for row in data :
    for i in range(4,8) :
        row[i] = int(row[i])
    plt.figure(dpi=300)
    plt.title(row[3]+' '+row[1])
    plt.pie(row[4:8], labels=label, colors=c, autopct='%1.f%%')
    plt.axis('equal')
    plt.show()
```

TIP 다른 색을 넣고 싶다면 인터넷에서 RGB color를 검색해서 6자리의 16진수(Hex code)를 찾으면 됩니다.

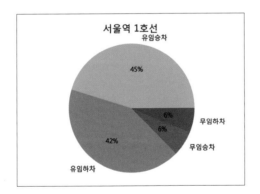

그림 11-12
역 이름, 비율 수치
표시, 색상 변경을
반영한 파이 차트

마지막으로 시각화한 자료를 이미지 파일로 저장합니다. 지금은 그래프가 나타나는 창마다 하나씩 저장 버튼을 눌러 이미지 파일로 저장해야 해서 번거롭습니다. 역마다 자동으로 각 그래프 자료가 이미지 파일로 저장되면 좋겠네요.

그래프를 이미지로 저장하려면 savefig( ) 함수를 사용하면 됩니다. 이때 이미지 파일의 이름과 형식을 지정할 수 있습니다. row[3]에는 역 이름, row[1]에는 노선 이름이 저장되어 있습니다. 따라서 역 이름과 노선 이름을 넣어 파일 제목으

로 두고, png 형식의 이미지 파일로 저장하고 싶다면 row[3] + ' ' + row[1]
+ '.png' 형태로 이미지 파일 이름을 지정할 수 있습니다. 그러면 파일 이름이
'강남 2호선.png'처럼 만들어질 것입니다.

다음 코드만 추가하면 됩니다.

```python
plt.axis('equal')
plt.savefig(row[3]+' '+row[1]+'.png')   # 이미지 파일로 저장
plt.show()
```

다음은 전체 코드입니다.

모든 역의 유무임 승하차 비율을 파이 차트로 나타내기

```python
import csv
import matplotlib.pyplot as plt

f = open('subwayfee.csv')
data = csv.reader(f)
next(data)
label = ['유임승차','유임하차','무임승차','무임하차']
c = ['#14CCC0', '#389993', '#FF1C6A', '#CC14AF']
plt.rc('font', family='Malgun Gothic')

for row in data :
    for i in range(4,8) :
        row[i] = int(row[i])
```

```
plt.figure(dpi=300)
plt.title(row[3]+' '+row[1])
plt.pie(row[4:8], labels=label, colors=c, autopct='%1.f%%')
plt.axis('equal')
plt.savefig(row[3]+' '+row[1]+'.png')
plt.show()
```

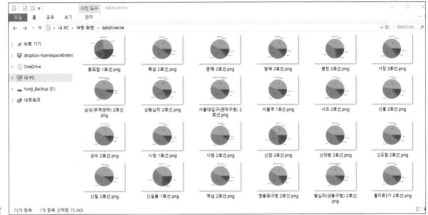

그림 11-13
작업 중인 폴더에 파이
차트가 개별 파일로 저장

실행한 후 파일 탐색기를 확인하면 현재 작업 중인 폴더에 이미지 파일이 실시간
으로 생성되는 것을 볼 수 있습니다(시간이 조금 걸립니다).

교통카드 통계 자료를 바탕으로 집계된 수도권 지하철 데이터를 시각화하는 것
부터, 여러 개의 시각화 결과를 한번에 저장하는 것까지 코드로 실행할 수 있다
니 멋지지 않나요? 여러 개의 시각화된 이미지를 한번에 저장할 때 이름을 잘 지
정하면 활용하기에 더욱 좋을 것입니다. 자신만의 이미지 파일 이름을 짓는 규칙
도 한번 만들어보세요!

UNIT 12

지하철 시간대별 데이터 시각화하기

DATA ANALYSIS FOR EVERYONE

● **실습 데이터** Unit12/unit12-01.ipynb, subwaytime.csv

여러분의 하루는 몇 시에 시작하나요? 모두가 꿈나라에 있을 한밤중에 하루를 시작하는 사람, 아침 햇살을 흠뻑 맞으며 하루를 시작하는 사람 등 저마다 다른 패턴으로 하루를 시작할 것입니다. 아마 대부분 사람이 발걸음을 재촉하는 시간 은 아침일 것입니다. 그리고 바쁜 아침일수록 지하철 또는 버스는 사람으로 가득 할 것입니다.

이번 장에서는 대중교통 데이터 중 지하철 시간대별 데이터를 바탕으로 다양한 질문에 답하겠습니다.

- **출근 시간대 사람들이 가장 많이 타고 내리는 역은 어디일까요?**
- **지하철 시간대별로 가장 많은 사람이 승하차 하는 역은 어디일까요?**

1 지하철 시간대별 이용 현황 데이터 정제하기

Unit 11에서는 내려받은 교통카드 통계자료 데이터 중 '지하철 유무임별 이용현 황' 데이터에서 다양한 질문을 찾고 답했습니다. 이번 장에서는 같은 파일에서 '지하철 시간대별 이용현황' 데이터를 다뤄보겠습니다.

Unit 11에서 내려받은 교통카드 데이터 파일을 다시 열고 **지하철 시간대별 이용현황** 탭을 선택합니다.

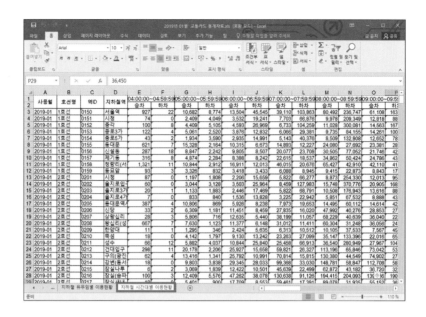

그림 12-1
지하철 시간대별
이용현황 데이터

메뉴에서 **파일 → 다른 이름으로 저장**을 선택합니다. 그리고 파일 이름을 subwaytime
으로 정하고 파일 형식을 CSV로 선택한 후 **저장** 버튼을 누릅니다.

그림 12-2
파일을 subwaytime.
csv로 저장

Unit 11에서와 마찬가지로 콤마(,)를 없애고 가장 오른쪽에 있는 '작업일시' 열을
삭제하여 데이터를 정제합니다. 그리고 Ctrl + S 를 눌러 저장합니다

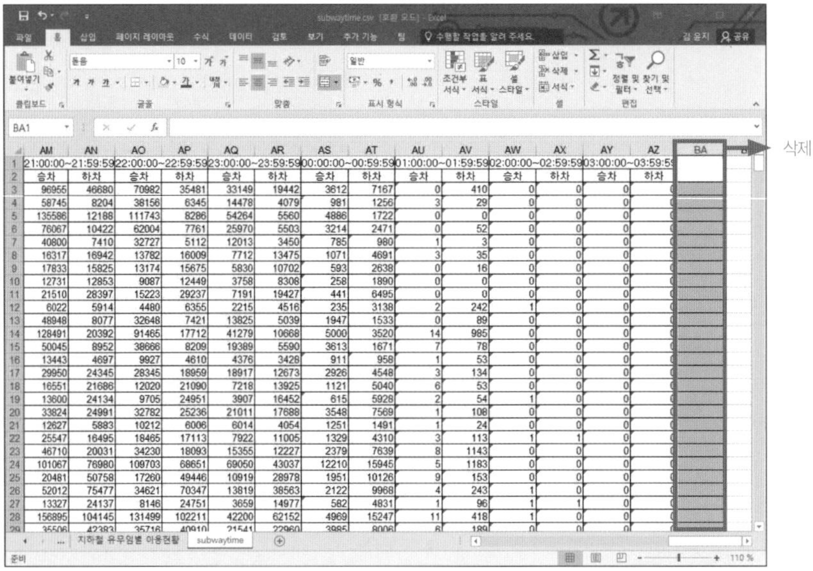

그림 12-3
데이터를 정제한 모습

이제 데이터를 살펴보겠습니다. 데이터가 저장된 CSV 파일을 불러와 한 행씩 출력해 볼까요?

```python
import csv
f = open('subwaytime.csv')
data = csv.reader(f)
for row in data :
    print(row)
```

['사용월', '호선명', '역ID', '지하철역', '04:00:00~04:59:59', '', '05:00:00~05:59:59',

'', '06:00:00~06:59:59', '', '07:00:00~07:59:59', '', '08:00:00~08:59:59',

'', '09:00:00~09:59:59', '', '10:00:00~10:59:59', '', '11:00:00~11:59:59',

'', '12:00:00~12:59:59', '', '13:00:00~13:59:59', '', '14:00:00~14:59:59',

'', '15:00:00~15:59:59', '', '16:00:00~16:59:59', '', '17:00:00~17:59:59', '',

'18:00:00~18:59:59', '', '19:00:00~19:59:59', '', '20:00:00~20:59:59', '',

```
'21:00:00~21:59:59', '', '22:00:00~22:59:59', '', '23:00:00~23:59:59', '',
'00:00:00~00:59:59', '', '01:00:00~01:59:59', '', '02:00:00~02:59:59', '',
'03:00:00~03:59:59', '', '']
['', '', '', '', '승차', '하차', '승차', '하차', '승차', '하차', '승차', '하차', '승차', '하차', '승차', '하차',
'승차', '하차', '승차', '하차', '승차', '하차', '승차', '하차', '승차', '하차', '승차', '하차', '승차',
'하차', '승차', '하차', '승차', '하차', '승차', '하차', '승차', '하차', '승차', '하차', '승차', '하차',
'승차', '하차', '승차', '하차', '승차', '하차', '승차', '하차', '승차', '하차', '']
['2019-01', '1호선', '0150', '서울역', '927', '22', '10682', '8774', '13504', '45545', '39110',
'103863', '80492', '236747', '61108', '163026', '68446', '86198', '89100', '80051', '98021',
'85869', '101282', '91792', '86627', '86386', '113919', '87211', '118223', '91594', '161216',
'98032', '249973', '105075', '142575', '77807', '97729', '55056', '96955', '46680', '70982',
'35481', '33149', '19442', '3612', '7167', '0', '410', '0', '0', '0', '0', '']
(생략)
```

실행 결과를 살펴보니 헤더(header) 데이터가 2개의 행으로 이루어진 것을 알 수 있습니다. 첫 번째 행에는 사용월, 호선명, 역 ID, 역 이름 그리고 AM 4:00부터 다음 날 AM 3:00까지의 시간이 1시간 단위로 구분되어 있네요. 두 번째 행에서는 공백(')) 네 개와 승차와 하차가 번갈아 나옵니다. 그런데 이 두 줄의 데이터는 분석에 직접적인 영향을 주지 않으므로 next() 함수로 제외시키겠습니다. 그리고 이후 이어지는 각 행의 4번 인덱스부터 마지막까지의 데이터는 정수로 바꿔 보겠습니다. Unit 11에서는 for 반복문을 사용했었는데 이번에는 map() 함수를 사용해서 데이터를 한꺼번에 정수형으로 바꿔봅시다.

```
next(data)
next(data)
for row in data :
    row[4:] = map(int, row[4:])
    print(row)
```

['2018–08', '1호선', '0150', '서울역', 838, 42, 11692, 8631, 14030, 49163, 39205, 109430, 79162, 234939, 60617, 159840, 65512, 87504, 83998, 77992, 94356, 84074, 95114, 84591, 79701, 80728, 108804, 81198, 113754, 86239, 159234, 92065, 244115, 103327, 138351, 77226, 97955, 55318, 93604, 46929, 70655, 35907, 35980, 19417, 3847, 7378, 3, 421, 0, 0, 0, 0]
(생략)

코드 7행에 사용된 map( ) 함수를 좀 더 살펴볼까요?

```
map(int, row[4:])
```

map( ) 함수의 괄호 안에는 2개의 입력 값이 콤마로 구분되어 있습니다. 첫 번째 인자에는 int( ) 함수를, 두 번째 인자에는 CSV 파일에서 불러온 데이터가 저장된 row 리스트의 4번 인덱스부터 끝까지를 의미하는 값을 지정하였습니다. 이 경우 row 리스트의 4번 인덱스부터 맨 끝 인덱스까지 저장된 값이 모두 정수형(int)으로 바뀌어서 저장됩니다.

따라서 코드 실행 결과를 살펴보면, 각 행의 0~3번 인덱스 값은 문자열로, 4번부터 맨 끝 인덱스 값은 정수로 바뀐 것을 확인할 수 있습니다.

> **TIP**
> map() 함수는 일괄적으로 데이터에 특정 함수를 적용할 수 있습니다. 첫 번째 인자에는 일괄 적용할 함수 이름을 입력하고, 두 번째 인자에는 그 함수를 적용할 데이터를 입력합니다. map() 함수는 2개의 내용을 함께 입력해야 한다는 것을 꼭 기억하세요!

2 출근 시간대 사람들이 가장 많이 타고 내리는 역은 어디일까

출근 시간대에 사람들이 지하철역에 가장 많이 들어오고 나가는 시간은 몇 시일 까요?

먼저 아침 7시 승차 데이터의 위치를 확인하니 10번 인덱스에 저장되어 있습니다.

인덱스

0	1	2	3	4	5	6	7	8	9	10	11
사용월	호선명	역ID	역이름	4시		5시		6시		7시	
				승차	하차	승차	하차	승차	하차	승차	하차
2019-01	1호선	0150	서울역	927	22	10682	8774	13504	45545	399110	103863
2019-01	1호선	0151	시청	74	0	2409	4049	3532	19241	7703	66876

> **TIP**
> 승차 시간 데이터는 지하철을 타는 시각을 측정한 것이 아닌 역에 교통카드를 찍고 들어오는 시각을 측정한 것입니다.
> 또한 현재 제공되는 데이터로는 환승 인원을 확인할 수는 없습니다.

10번 인덱스의 데이터만 추출해서 리스트에 저장하고 리스트의 길이와 리스트에 저장된 값을 출력하면 현재 598개 역에 대한 데이터가 정수 형태로 저장된 것을 확인할 수 있습니다.

```
import csv
f = open('subwaytime.csv')
data = csv.reader(f)
next(data)
next(data)
result = []
for row in data :
    row[4:] = map(int, row[4:])
    result.append(row[10])
print(len(result))
print(result)
```

598

[39110, 7703, 6733, 6066, 5143, 14893, 20077, 22615, 46015, 6088, 5822, 8459, 5822,

3225, 7973, 27835, 38199, 31012, 6313, 23263, 25458, 59821, 70814, 99368, 45639,

130638, 59461, 18787, 17974, 23502, 16391, 48487, 27365, 14946, 26301, 78413, 89675,

146181, 84974, 243083, 99608, 154641, 77272, 153133, 46364, 45277, 56578, 48068,

75744, 40444, 18646, 26197, 18343, 7965,

(생략)

이제 이 데이터를 막대그래프로 표현하겠습니다. 어떤 결과가 나올지 예상해 보면 결과가 더 재미있을 겁니다.

```
import matplotlib.pyplot as plt
plt.bar(range(len(result)), result)
plt.show()
```

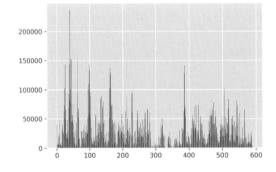

그림 12-4
아침 7시의 승차 인원
(row[10])을 막대
그래프로 표현한 결과

그림 12-4에 나타난 결과를 보니 데이터의 편차가 매우 크다는 사실을 알 수 있습니다. 그래서 이번에는 데이터를 오름차순으로 정렬하는 코드만 한 줄 추가한 후 다시 한번 막대그래프로 표현하겠습니다.

```
import matplotlib.pyplot as plt
result.sort()      # 오름차순으로 정렬
plt.bar(range(len(result)), result)
plt.show()
```

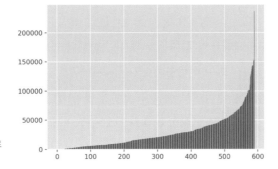

그림 12-5

아침 7시 승차 인원을
정렬해서 막대그래프로
표현한 결과

여러분은 이렇게 나올 것을 예상했나요? 사실 이것은 저의 예상과는 아주 다른 그래프네요. 저는 좀 더 균일하게 나오리라 생각했거든요. 아무튼 딱 한 역이 다른 역과는 엄청나게 큰 차이를 두고 1위를 하고 있다는 사실을 알 수 있습니다. 또 598개 역 중 85% 정도인 500개 역은 5만 명이 안 되고 15% 정도만 5만 명이 넘는다는 사실도 알 수 있습니다.

그러면 출근 시간대라고 할 수 있는 7~9시까지 승차 인원을 합치면 어떻게 될까요? 7시 승차 데이터가 10번 인덱스에 있었으니까 10번, 12번, 14번 인덱스의 값을 합쳐서 막대그래프로 표현하겠습니다. 코드를 다음과 같이 수정합니다.

```
for row in data :
    row[4:] = map(int, row[4:])
    result.append(sum(row[10:15:2]))
```

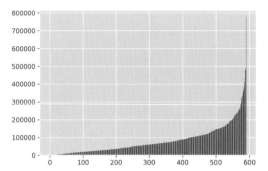

그림 12-6
출근시간대(7~9시)
승차 인원을 나타낸 결과

시간대를 늘렸지만 그래프의 형태는 거의 비슷합니다. 그렇다면 3시간 동안 80만 명이 들어오는 역은 과연 어디일까요?

이 문제는 지금까지 많이 다뤄본 패턴인 '최댓값 찾기'이므로 전체 코드를 한번에 작성하겠습니다. 먼저 승차 인원의 최댓값을 저장할 변수 mx와 역의 정보를 저장할 변수 mx_station을 초기화하고, 7시부터 9시까지의 승차 인원 합계의 최댓값을 찾아서 출력합니다.

```python
import csv
f = open('subwaytime.csv')
data = csv.reader(f)
next(data)
next(data)
mx = 0                      # 최댓값을 저장할 변수 초기화
mx_station = ''             # 최댓값을 갖는 역 이름 저장 변수 초기화
for row in data :          # 최댓값 찾기(전부 탐색하여 최댓값을 갱신하는 방식)
    row[4:] = map(int, row[4:])
    if sum(row[10:15:2]) > mx :
        mx = sum(row[10:15:2])
        mx_station = row[3]+'('+row[1]+')'
print(mx_station, mx)
```

결과를 찾았습니다. 2호선 신림역에는 오전 7시~9시에 해당하는 시간에만 80만 명이 들어온다는 사실을 알 수 있습니다. 사실 제가 강의를 하면서 '출근 시간대에 사람들이 가장 많이 타는 역은 어디일까요?'라는 질문을 해보면 신림역에 사는 사람들 조차 잘 모르는 경우가 많았습니다.

그러면 출근 시간대에 사람들이 가장 많이 내리는 역은 어디일까요? 이 질문의 답은 아마 직장이 가장 많은 곳이 답이겠죠? 이번 답은 비교적 많은 사람이 맞힐 수 있을 것 같네요.

코드는 승차 데이터를 하차 데이터로 수정하기만 하면 됩니다. 다만, 코드에서 sum(row[10:15:2]) 부분이 여러 번 쓰였던 것을 보다 간단하게 작성할 수 있도록 개선하겠습니다. 중복되는 부분을 변수 a에 저장하여 a값을 사용함으로써 중복되는 코드를 최소화할 수 있습니다.

출근 시간대 사람들이 가장 많이 타고 내리는 역 찾기

```
import csv
f = open('subwaytime.csv')
data = csv.reader(f)
next(data)
next(data)
mx = 0
mx_station = ''
for row in data :
    row[4:] = map(int, row[4:])
```

```
        a = row[11:16:2]        #하차 인원 값 추출하기
        if sum(a) > mx :
            mx = sum(a)
            mx_station = row[3]+'('+row[1]+')'
    print(mx_station, mx)
```

강남(2호선) 984427

정답을 맞혔나요? 직장이 가장 많이 밀집된 강남역이 정답이었습니다.

> **TIP** 2019년 1월 데이터에는 신분당선에 대한 내용이 포함되지 않습니다.

3 밤 11시에 사람들이 가장 많이 타는 역은 어디일까

그러면 밤 11시에 사람들이 가장 많이 타는 역은 어디일까요? 밤 11시라면 23시 00분 00초부터 23시 59분 59초 사이를 말합니다. 그러면 이 시간대에 사람들이 어떤 역에 탄다면 이 사람들은 이 시간에 왜 지하철에 탔을까요? 그 전까지 무엇을 했을지 생각해 보면 답을 찾는 과정이 더 재미있을 겁니다.

그런데 밤 11시의 데이터는 몇 번 인덱스에 있을까요? 출근 시간대의 경우 7시, 8시, 9시라서 한 칸씩 셀 수 있었는데, 이번에는 23시니까 패턴을 찾아서 분석하는 것이 더 좋을 것 같습니다.

0	1	2	3	4	5	6	7	8	9	10	11
사용월	호선명	역ID	역이름	4시		5시		6시		7시	
				승차	하차	승차	하차	승차	하차	승차	하차
2019–01	1호선	0150	서울역	927	22	10682	8774	13504	45545	399110	103863
2019–01	1호선	0151	시청	74	0	2409	4049	3532	19241	7703	66876

데이터를 다시 관찰하니 승차 시각이 1시간씩 늦어질 때마다 승차 인원에 해당하는 인덱스는 2씩 늘어납니다. 그리고 승차를 시작하는 시각의 인덱스 값은 4입니다. 즉, 0시가 아니라 4시부터 승차가 시작된다는 점을 고려해야 하겠네요.

이러한 단서를 바탕으로 승차 시각(t)과 승차 인원이 적힌 인덱스(i) 값의 관계를 분석하니 $i = 4 + (t - 4) * 2$라는 패턴을 찾을 수 있습니다.

승차 시각과 인덱스 사이의 패턴 찾기		
승차 시각(t)	인덱스(i)	패턴
4	4	
5	6	
6	8	$i = 4 + (t - 4) * 2$
7	10	
...	...	
23	?	

> **TIP**
> 이 식을 계산해서 $i = 4 + 2 * t - 8 = 2 * t - 4$라고 코드를 작성할 수도 있습니다.

이제 이 패턴을 추가하고 시간 t는 input( ) 함수로 입력을 받도록 코드를 수정합니다. 그리고 23을 입력하면 밤 11시에 사람들이 가장 많이 타는 역이 출력됩니다.

```python
import csv
f = open('subwaytime.csv')
data = csv.reader(f)
next(data)
next(data)
mx = 0
mx_station = ''
t = int(input('몇 시의 승차 인원이 가장 많은 역이 궁금하세요? : '))

for row in data :
    row[4:] = map(int, row[4:])
    a = row[4+(t-4)*2]                  # 입력 받은 시각의 승차 인원 값 추출하기
    if a > mx :                         # 모든 데이터 탐색
        mx = a
        mx_station = row[3]+'('+ row[1]+')'
print(mx_station, mx)                   # 승차 인원이 가장 큰 역과 인원 값 출력
```

실행 결과

몇 시의 승차 인원이 가장 많은 역이 궁금하세요? : 23 ➡ 입력

강남(2호선) 145504

정답은 강남역이었습니다! 밤 11시에 가장 많이 타는 이유는, 아마 늦게까지 야근을 했거나 친구들을 만나 놀다가 집에 귀가하는 것임을 미루어 짐작할 수 있습니다.

> **TIP** 혹시 홍대입구역이라고 생각했다면 복수 정답으로 인정합니다! 1년 열두 달 중 홍대입구역이 정답인 달이 많기 때문입니다. 여러분이 직접 연말연초가 아닌 달의 데이터를 찾아 확인해 보세요.

4 시간대별로 사람들이 가장 많이 타고 내리는 역은 어디일까

지금까지 출근 시간대와 밤 11시에 사람들이 많이 타는 역을 찾아보았습니다. 그렇다면 다른 시간대에 사람들로 붐비는 역은 어디일까요? 커피 한 잔이 생각나는 오후 2시에는 어떤 역에 사람들이 많을까요? 시간대별로 승차 인원이 가장 많은 역의 이름과 인원을 한눈에 파악할 수 있는 그래프를 만들면 재미있을 것 같습니다.

앞의 코드가 특정한 시간에 대한 결과를 알려주는 것이었으니까 이번에는 24시간 전체에 대해 계산하면 될 것 같습니다. for 반복문을 사용하는 것이 좋겠죠? 그리고 시간대별 데이터를 각각 저장할 리스트도 필요하겠네요.

for 반복문을 사용하기 위해 패턴을 다시 살펴보겠습니다. 우리가 표현할 시간대는 24시간을 1시간 단위로 구분하였으므로 총 24개입니다. for 반복문의 반복 횟수를 24로 지정하고자 range( ) 함수를 사용한다면 range(24)라고 쓸 수 있습니다.

range( ) 함수는 0부터 시작하니, 다음과 같이 0~23까지의 반복을 표현할 변수 j를 만들고 인덱스 값과의 관계를 생각해봅시다. j는 0부터 시작하고 우리가 원하는 승차 인원 값의 인덱스 i는 4부터 시작합니다. 변수 j와 인덱스 i의 패턴을 분석하여 $i = j * 2 + 4$라는 패턴을 찾았습니다.

for 반복문에 사용되는 변수 j와 인덱스 사이의 패턴 찾기		
변수 j	인덱스(i)	패턴
0	4	
1	6	
2	8	
...	...	$i = j * 2 + 4$
22	48	
23	50	

이 패턴을 바탕으로 다음과 같이 코드를 작성할 수 있습니다.

```
import csv
f = open('subwaytime.csv')
data = csv.reader(f)
next(data)
next(data)
mx = [0] * 24                    # 시간대별 최대 승차 인원 저장 리스트 초기화
mx_station = [''] * 24           # 시간대별 최대 승차 인원 역 이름 저장 리스트 초기화
for row in data :
    row[4:] = map(int, row[4:])
    for j in range(24) :
        a = row[j*2+4]           # j와 인덱스 번호 사이의 관계식 사용
        if a > mx[j] :
            mx[j] = a
            mx_station[j] = row[3]
print(mx_station)
print(mx)
```

['구로', '홍대입구', '신림', '신림', '신림', '신림', '신림', '신림', '강남', '강남', '강남', '강남', '강남',
'강남', '강남', '강남', '강남', '강남', '강남', '강남', '강남', '성신여대입구(돈암)', '신방화']
[8418, 42966, 80407, 243083, 355172, 211286, 113830, 98765, 126159, 170216, 169097,
203483, 227268, 291623, 431115, 292521, 235489, 295326, 314609, 145504, 27203, 36, 3, 1]

실행 결과를 보니 1시간 단위로 시간대별 승차 인원이 가장 많은 곳으로 신림역
이 6번, 강남역이 14번 출력된 것을 확인할 수 있습니다. 24시간 중 14시간 동안
수도권 전체 지하철역 중 강남역에 가장 많은 사람이 승차한다는 사실을 알 수
있습니다.

이제 이 데이터를 바탕으로 막대그래프를 그려보겠습니다. x축에는 시간대별 1위를 차지한 역의 이름을 90도 회전하여 표현하겠습니다. 역 이름과 인원 수를 출력하던 15~16행 코드를 지우고, 다음 코드를 추가합니다.

```python
import matplotlib.pyplot as plt
plt.rc('font', family='Malgun Gothic')
plt.bar(range(24), mx)
plt.xticks(range(24), mx_station, rotation=90)
plt.show()
```

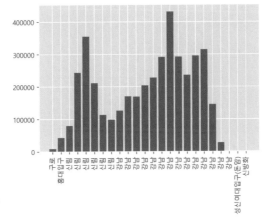

그림 12-7
시간대별 승차 인원이
많은 역을 막대그래프로
나타낸 결과

결과를 보니 x축에 시간이 표시되어 있지 않아서 알아 보기가 조금 어렵네요. 그래서 x축에 몇 시인지 추가하겠습니다.

```python
mx_station[j] = row[3]+'('+str(j+4)+')'
```

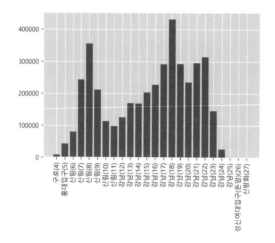

그림 12-8
X축에 시간을 표시한
결과

역 이름 옆에 시간이 표시된 것을 확인할 수 있습니다. 간단하게 괄호로 표현하였지만 원하는 표기법으로, 예를 들어 시간과 함께 '시'라는 문구를 표현하고 싶다면 다음과 같이 코드를 바꿔서 작성할 수도 있습니다.

```
mx_station[j] = row[3] + '(' + str(j+4) + '시)'
```

> **TIP** 맨 오른쪽에 출력된 창신역 옆의 괄호 안에는 26이 적혀 있습니다. 이는 새벽 2시를 의미합니다. 25, 26 같은 숫자를 1과 2로 바꾸어 표현하는 것은 여러분께 맡기겠습니다.

이어서 시간대별 하차 인원이 가장 많은 역과 그 인원수를 막대그래프로 표현해보겠습니다. 앞에서 작성한 시간대별 승차 인원이 가장 많은 역에 대한 막대그래프를 그리는 코드와 대부분 비슷합니다. 하차 인원 값을 의미하는 인덱스 값에 맞춰 바뀐 데이터 패턴과 변수 이름과 막대그래프의 색만 수정하였습니다. 또한 그래프 시각화에 사용되는 `matplotlib` 라이브러리를 불러오는 코드를 앞으로 옮겼습니다.

```python
import csv
import matplotlib.pyplot as plt

f = open('subwaytime.csv')
data = csv.reader(f)
next(data)
next(data)
mx = [0] * 24              # 시간대별 최대 승차 인원을 저장할 리스트 초기화
mx_station = [''] * 24     # 시간대별 최대 승차 인원 역 이름을 저장할 리스트 초기화

for row in data :
    row[4:] = map(int, row[4:])
    for j in range(24) :
        b = row[5 + j * 2]    # j값과 인덱스 번호 값의 관계식 사용
        if b > mx[j] :
            mx[j] = b
            mx_station[j] = row[3] + '( ' +str(j+4)+ ' )'

plt.rc('font',family='Malgun Gothic')
plt.bar(range(24), mx, color='b')     # 막대그래프 속성 변경
plt.xticks(range(24), mx_station, rotation=90)
plt.show()
```

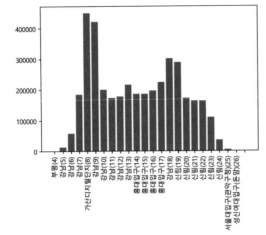

그림 12-9
하차 인원이 가장 많은
역을 막대그래프로
나타낸 결과

시간대별 하차 인원이 많은 역을 살펴보니 출근 시간에는 강남역이, 낮 시간에는 홍대입구역이, 퇴근 시간에는 신림역이 출력된 것을 확인할 수 있습니다. 이렇게 특정 시간대에 승차 또는 하차 인원이 가장 많은 역이 어디인지 명확하게 확인할 수 있게 되었습니다.

5 모든 지하철역에서 시간대별 승하차 인원을 모두 더하면

지금까지는 사람들이 '가장 많이' 타고 내리는 역이 어디이며, 그 시간대는 언제인지 살펴보았습니다. 만약 모든 지하철역의 시간대별 승하차 인원을 더하면 어떤 결과를 확인할 수 있을까요?

이 질문을 해결하기 위한 알고리즘은 다음과 같이 간단히 생각할 수 있습니다.

1 | 데이터를 읽어온다.
2 | 모든 역에 대해 시간대별 승차 인원과 하차 인원을 누적해서 더한다.
3 | 시간대별 승차 인원과 하차 인원을 그래프로 표현한다.

먼저 데이터를 읽어옵니다. 24시간 데이터를 순서대로 저장하기 위해 리스트를 사용합니다. 그리고 승차와 하차 데이터를 각각 저장하기 위한 리스트인 s_in과 s_out을 만듭니다.

```python
import csv
f = open('subwaytime.csv')
data = csv.reader(f)
next(data)
next(data)
s_in = [0] * 24        # 승차 인원을 저장할 리스트 초기화
s_out = [0] * 24       # 하차 인원을 저장할 리스트 초기화
```

그리고 모든 역에 대해 시간대별 승차 인원과 하차 인원을 누적해서 더합니다.

```python
for row in data :
    row[4:] = map(int, row[4:])
    for i in range(24) :
        s_in[i] += row[4+i*2]
        s_out[i] += row[5+i*2]
```

마지막으로 두 개의 그래프를 비교하기 위해 꺾은선 그래프를 그려줍니다. 그리고 제목과 범례를 넣어서 한눈에 들어오도록 표현하겠습니다.

이를 전체 코드로 나타내면 다음과 같습니다.

```python
import csv
import matplotlib.pyplot as plt

f = open('subwaytime.csv')
data = csv.reader(f)
next(data)
next(data)

s_in = [0] * 24       # 승차 인원 저장 리스트 초기화
s_out = [0] * 24      # 하차 인원 저장 리스트 초기화

for row in data :
    row[4:] = map(int, row[4:])
    for i in range(24) :
        s_in[i] += row[4+i*2]
        s_out[i] += row[5+i*2]

plt.rc('font', family='Malgun Gothic')
plt.title('지하철 시간대별 승하차 인원 추이')   # 제목 추가
plt.plot(s_in, label='승차')              # 승차 인원을 꺾은선 그래프로 표현
plt.plot(s_out, label='하차')             # 하차 인원을 꺾은선 그래프로 표현
plt.legend()
plt.xticks(range(24), range(4,28))
plt.show()
```

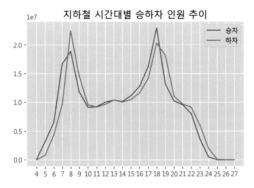

그림 12-10
시간대별 승하차 인원을
꺾은선 그래프로 나타낸
결과

결과를 보니 출근 시간대는 7~8시, 8~9시에 승차 인원이 많고, 하차 인원은 8~9시가 눈에 띄게 많네요. 퇴근 시간대 승차는 18~19시에 눈에 띄게 많고, 하차는 18~19시, 19~20시에 가장 많은 것을 볼 수 있습니다.

그런데 한 가지 이상한 점이 있습니다. 인원을 소수점으로 표현한 y축 위에 1e7 이라는 숫자가 있습니다. 눈치를 챈 사람도 있겠지만 1e7는 '1 x 10^7'이라는 의미입니다. 따라서 현재 y축에 표시된 단위는 천만 명이라는 것을 알 수 있습니다.

이번 장에서는 수도권 지하철 승하차 인원수 데이터로 다양한 질문에 답을 해 보았습니다. 여러분이 출근하는 시간대는 비교적 지하철 이용 인원이 적은 편인가요? 경험으로 알 수 있는 추측이 아닌, 데이터에 근거한 결과를 확인하세요. 이러한 데이터 분석 결과들을 바탕으로 개인의 궁금증을 해결하는 것에 그치지 않고, 다른 사람을 설득해야 할 때 데이터에 근거한 논리를 펼친다면 더욱 다양한 각도에서 문제를 바라보는 힘을 기를 수 있을 것입니다.

5

파이썬 데이터 분석 라이브러리를 활용한 프로젝트

우리는 앞서 matplotlib 라이브러리를 활용해 데이터를 다양하게 시각화하는 방법을 배웠습니다. 다섯째 마당에서는 한 걸음 더 나아가, 여러 가지 숫자 데이터를 다룰 수 있는 numpy 라이브러리와 이를 기반으로 한 pandas 라이브러리 사용법을 알아보겠습니다.

UNIT 13
숫자 데이터를 쉽게 다루게
돕는 numpy 라이브러리

DATA ANALYSIS FOR EVERYONE

● **실습 데이터** Unit13/unit13-01.ipynb

지금까지 우리가 다룬 matplotlib 라이브러리는 아주 기초적인 내용이고, 그중에서도 자주 사용되는 기능들을 중심으로 살펴보았습니다. 더 자세한 내용이 궁금한 사람을 위해 이번 장에서는 matplotlib 홈페이지를 살펴보고 여러 가지 숫자데이터를 다룰 수 있는 numpy 라이브러리를 실습해 봅시다.

matplotlib 홈페이지

matplotlib 홈페이지는 데이터 시각화와 관련된 다양한 예시를 제공하고 있습니다. 원하는 예시를 클릭하면 해당 그래프를 어떻게 그렸는지 알 수 있는 코드도함께 제시하고 있습니다.

matplotlib.org에 접속한 후 상단에 있는 **tutorials** 메뉴를 클릭합니다.

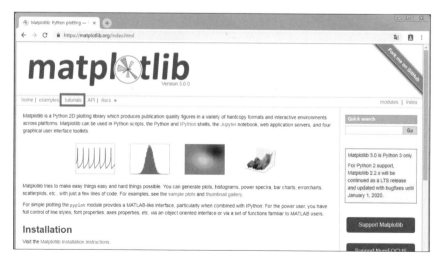

그림 13-1
matplotlib 홈페이지

튜토리얼(tutorial)은 자습서 또는 안내서 성격의 문서로, `matplotlib` 라이브러리 뿐만 아니라 새로운 내용을 배울 때 '(찾고자 하는)키워드 tutorial'과 같은 형태로 검색하면 처음 시작할 때 큰 도움이 되는 내용을 찾을 수 있습니다.

연습 삼아서 검색 창에 numpy tutorial이라는 검색어를 입력해보세요.

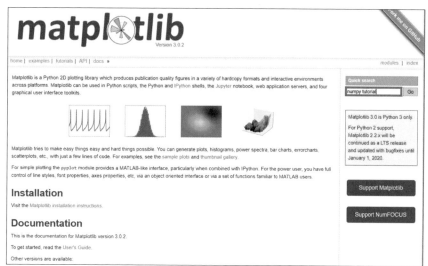

그림 13-2

tutorial 메뉴에서
numpy tutorial로 검색

검색 결과 페이지에서 스크롤을 내려 **Pyplot tutorial**을 클릭합니다.

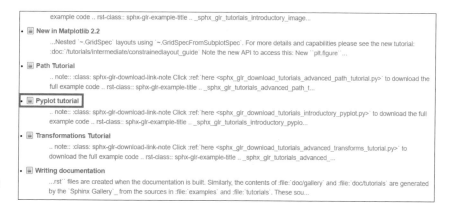

그림 13-3

검색 결과 중 Pyplot
tutorial 클릭

내용을 살펴보면 지금까지 배운 내용들이 잘 정리되어 있습니다. 그중에서 다음과 같은 코드와 실행 결과가 보입니다.

```
import matplotlib.pyplot as plt
import numpy as np
t = np.arange(0., 5., 0.2)
plt.plot(t, t, 'r--', t, t**2, 'bs', t, t**3, 'g^')
plt.show()
```

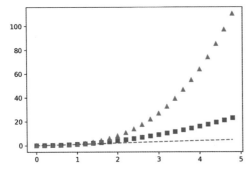

코드 2행을 보니 numpy 라이브러리를 np라는 별명으로 부르는 것을 확인할 수 있습니다. 이 코드는 파이썬 리스트를 사용해서 다음과 같이 구현할 수 있습니다.

```
import matplotlib.pyplot as plt
t = []
p2 = []
p3 = []
for i in range(0, 50, 2) :
    t.append(i / 10)
    p2.append((i / 10) ** 2)
    p3.append((i / 10) ** 3)
plt.plot(t, t, 'r--', t, p2, 'bs', t, p3, 'g^')
plt.show()
```

실행하면 그림 13-4와 동일한 그래프가 나옵니다.

numpy 라이브러리를 사용한 코드와 파이썬 리스트를 사용한 코드의 실행 결과는 똑같지만, numpy 라이브러리를 사용한 경우가 훨씬 적은 수의 코드로 작성하여 간결합니다. 그리고 홈페이지에 소개된 내용을 더 살펴보면 이 예제뿐만 아니라 다른 예제에서도 np로 시작하는 numpy 라이브러리를 활용하는 코드들을 많이 볼 수 있습니다.

여러분도 이번 장에서 numpy 라이브러리를 배우면 숫자 데이터를 더 쉽게 다룰 수 있을 겁니다. 그러면 지금부터 numpy 라이브러리의 기초에 대해 하나씩 살펴보겠습니다.

2 numpy 라이브러리 시작하기

먼저 간단한 함수부터 살펴보겠습니다. 다음 코드는 2의 제곱근($\sqrt{2}$)을 출력합니다.

```python
import numpy
print(numpy.sqrt(2))
```

```
1.4142135623730951
```

그리고 앞에서 잠시 살펴봤던 것처럼 보통의 경우에는 다음과 같이 numpy 라이브러리를 np라는 이름의 별명으로 줄여서 쓸 수 있습니다.

```python
import numpy as np
print(np.sqrt(2))
```

이번엔 파이(π)와 삼각함수를 사용하는 방법을 살펴보겠습니다. 다음과 같이 np.pi라고 작성하면 파이 값을 활용할 수 있습니다.

```python
import numpy as np
print(np.pi)
print(np.sin(0))
print(np.cos(np.pi))
```

```
3.141592653589793
0.0
-1.0
```

다음으로 무작위 값을 생성하는 랜덤 함수를 살펴보겠습니다. random 라이브러리를 통해서도 다양한 랜덤 함수를 사용할 수 있었지요? numpy 라이브러리의 랜덤 함수와 어떤 차이점이 있을지 생각하며 실습해 봅시다.

numpy 라이브러리에는 다양한 서브(sub) 라이브러리가 있는데 그 중 random 서브 라이브러리에 있는 rand( ) 함수를 실행하면 0~1 사이에 있는 n개의 실수가 랜덤하게 생성됩니다.

```python
import numpy as np
a = np.random.rand(5)
print(a)
print(type(a))
```

[0.41521209 0.98947428 0.3174506 0.56745999 0.14172169]

〈class 'numpy.ndarray'〉

실행 결과를 확인해보니 리스트와 비슷하게 생긴 numpy.ndarray 타입의 데이터가 생성된 것을 볼 수 있습니다. ndarray에서 nd는 N - Dimensional, 즉 'N 차원'이라는 의미이고 array는 '배열'이라는 의미입니다. 이 코드는 어떻게 보면 random 라이브러리의 randint() 함수의 실수(real number) 버전이라고 생각할 수 있습니다.

그리고 이번에 살펴볼 choice() 함수는 random 라이브러리에서는 표현하기 어려운 랜덤 데이터를 생성합니다.

```python
import numpy as np
print(np.random.choice(6, 10))
```

[3 2 1 5 1 3 5 2 2 0]

실행 결과에서 짐작할 수 있듯이 0~5 사이의 숫자를 랜덤하게 10번 선택했습니다. 만약 한 번 뽑은 숫자를 다시 뽑지 못하게 하고 싶다면 replace 속성을 False로 설정하면 됩니다. 다음처럼 말이죠.

```python
print(np.random.choice(10, 6, replace=False))
```

> TIP
> 여기에서는 0~9 사이에 있는 숫자를 중복 없이 6번 뽑았습니다.

여기에 확률을 지정할 수 있는 p 속성을 추가하겠습니다. p 속성은 각 경우의 수가 발생할 확률을 정할 수 있습니다. 0~5까지의 경우가 발생할 수 있으므로 0이 나올 확률부터 5가 나올 확률까지 하나씩 지정할 수 있습니다. 따라서 이 경우에는 p 속성에 6개의 확률이 있어야 하고 그 합이 반드시 1이어야 합니다. 0은 0.1, 1은 0.2, 2는 0.3, 3은 0.2, 4는 0.1, 5는 0.1의 확률을 지정하여 프로그램을 실행하겠습니다.

```python
import numpy as np
print(np.random.choice(6, 10, p=[0.1, 0.2, 0.3, 0.2, 0.1, 0.1]))
```

[1 4 3 2 2 5 4 1 1 5]

0은 나오지 않았고 1이 세 번, 2가 두 번, 3이 한 번, 4가 두 번, 5가 두 번 나왔네요. 한 번 더 실행하겠습니다.

[2 2 4 1 2 2 2 5 0 5]

이번에는 0이 한 번, 1이 한 번, 2가 다섯 번, 3은 나오지 않았고, 4가 한 번, 5는 두 번 나왔습니다. 꼭 우리가 정한 확률대로 결과가 나오지는 않는 것 같습니다. 더 많은 숫자를 발생시킨다면 p 속성으로 지정한 확률에 대한 검증이 가능할 것 같습니다. 얼마나 많은 숫자를 발생시켜야 할까요? 궁금증을 가지고 다음 내용으로 넘어가 봅시다.

3 numpy 라이브러리를 활용해 그래프 그리기

0부터 5까지의 숫자가 랜덤으로 출력되는 실행 결과를 보며, 각 숫자가 출력되는 횟수를 쉽게 확인하는 방법을 고민할 수 있습니다. 히스토그램을 그려 각 숫자의 빈도가 한눈에 들어오도록 합시다. 그리고 numpy 라이브러리의 장점을 확인하기 위해 Unit 6에서 random 라이브러리와 리스트를 사용했던 코드와 비교해 보겠습니다.

numpy를 사용한 모드	Unit 6에서 사용한 코드
| ```
import matplotlib.pyplot as plt
import numpy as np
dice = np.random.choice(6, 10)

plt.hist(dice, bins =6)
plt.show()
``` | ```
import matplotlib.pyplot as plt
import random
dice = []
for i in range(10) :
    dice.append(random.randint(1,6))

plt.hist(dice, bins = 6)
plt.show()
``` |

표 13-1
numpy를 사용한 코드
vs. Unit 6에서 사용한
코드

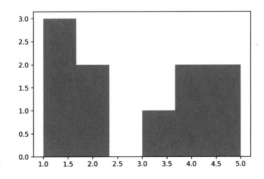

그림 13-5
두 가지 히스토그램
그리기 코드 실행 결과

두 코드를 비교하니 결과는 같지만, numpy를 사용한 코드가 더 간결합니다.
그리고 반복 횟수를 10번이 아니라 100만 번으로 바꿔서 각각의 코드를 실행하
면 numpy를 사용한 코드의 실행 속도가 훨씬 빠르다는 것을 느낄 수 있습니다.
여기에서 다음과 같이 p 속성으로 확률을 설정하여 결과를 확인하겠습니다.

```python
import matplotlib.pyplot as plt
import numpy as np
dice = np.random.choice(6, 1000000, p=[0.1,0.2,0.3,0.2,0.1,0.1])
plt.hist(dice, bins=6)    # 0, 1, 2, 3, 4, 5 중 랜덤으로 추출한 숫자를 히스토그램 표현
plt.show()
```

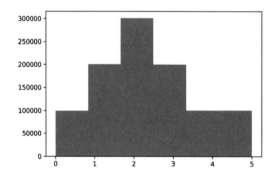

그림 13-6
더 많은 개수의 숫자를
랜덤으로 추출한 결과

반복 횟수를 늘려 더 많은 개수의 숫자를 랜덤으로 추출한 결과를 히스토그램으
로 나타냈습니다. 그림 13-5와는 다르게 우리가 설정한 확률에 따라 각각의 값
들이 나온 것을 확인할 수 있습니다.

다음은 Unit 10에서 그렸던 버블 차트를 numpy 라이브러리를 활용해서 다시 그
리는 코드입니다. 반복문을 사용하지 않아서 코드가 간결해진 것을 느낄 수 있을
겁니다.

코드 numpy를 사용한 버블 차트 그리기 코드

```python
import matplotlib.pyplot as plt
import numpy as np

x = np.random.randint(10, 100, 200)
y = np.random.randint(10, 100, 200)
size = np.random.rand(100) * 100

plt.scatter(x, y, s=size, c=x, cmap='jet', alpha=0.7)
plt.colorbar()
plt.show()
```

코드 Unit 10에서 사용한 버블 차트 그리기 코드

```python
import matplotlib.pyplot as plt
import random

x = []
y = []
size = []

for i in range(200) :
    x.append(random.randint(10,100))
    y.append(random.randint(10,100))
    size.append(random.randint(10,100))

plt.scatter(x, y, s=size, c=x, cmap='jet', alpha=0.7)
plt.colorbar()
plt.show()
```

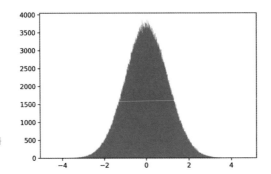

그림 13-7
numpy 라이브러리를
활용해 표현한
히스토그램

numpy.random.randint( ) 함수에 입력된 10, 100, 200의 의미를 생각해 봅시다. 먼저 10, 100은 랜덤으로 추출될 숫자의 범위, 즉 10부터 100까지의 범위 안에서 무작위로 숫자를 추출한다는 의미입니다. 맨 마지막에 쓰인 200은 데이터를 몇 개나 추출하느냐를 의미합니다. 따라서 10부터 100 사이에 있는 정수 200개가 랜덤하게 생성됩니다.

명령어가 의미하는 바는 같지만, 코드는 다르게 작성된 것을 확인할 수 있습니다. numpy 라이브러리를 사용하여 코드를 작성하면 for 반복문을 사용하지 않고도 많은 숫자 데이터를 생성할 수 있습니다.

> **TIP**
>
> np.random.rand(n)는 0~1 사이에 있는 n개의 실수(float)를 만들고, randint(a,b,n)는 a 이상 b 미만인 정수 n개를 만드는 함수입니다.

잠깐만요

numpy의 다양한 함수들
지금까지 소개한 함수 외에도 numpy 라이브러리는 금융, 선형대수학 등 다양한 분야의 함수를 제공합니다. 만약 numpy 라이브러리의 다양한 함수를 알아보고 싶다면 다음 링크에서 찾아보세요.
- URL https://docs.scipy.org/doc/numpy-1.13.0/reference/

메뉴에서 Mathematical functions을 선택하면 볼 수 있습니다.

4 numpy array 생성하기

numpy 라이브러리에서는 ndarray라는 특별한 데이터 타입의 배열이 사용됩니다. numpy를 사용하려면 ndarray 타입 배열을 다루는 데 익숙해질 필요가 있습니다. 'N차원 배열'이라는 의미를 지닌 ndarry 타입 배열을 지금부터는 배열 또는 array라고 부르겠습니다.

리스트와 같은 연속된 데이터는 다음과 같이 numpy array로 변환할 수 있습니다.

```
import numpy as np
a = np.array([1,2,3,4])
print(a)
```

**실행
결과**

```
[1 2 3 4]
```

실행 결과를 살펴보면 양 끝에 [ ]가 붙는 점이 리스트와 비슷합니다. 하지만 numpy array는 리스트 내 요소를 구분하는 쉼표(,)가 없다는 차이점이 있습니다. numpy array는 생긴 모습도 리스트와 비슷하지만, 리스트의 특징인 인덱싱과 슬라이싱을 할 수 있다는 점도 비슷합니다.

```
import numpy as np
a = np.array([1,2,3,4])
print(a[1], a[-1])     # a의 1번 인덱스 값, -1번 인덱스 값 출력
print(a[1:])           # a의 1번 인덱스를 기준으로 슬라이싱 결과 출력
```

```
2 4
[2 3 4]
```

ndarray의 특정 인덱스에 해당하는 값을 출력하거나 슬라이싱 결과를 출력하는 것이 잘 이루어짐을 확인할 수 있습니다.

그러나 정수, 문자열, 리스트 등 다양한 데이터 타입을 담을 수 있었던 리스트와는 달리 numpy array에는 한 가지 타입의 데이터만을 저장할 수 있습니다. 예를 들어, 숫자와 문자가 함께 저장되었다면 문자로 변환되어 저장되는 것이지요.

다음과 같이 3개의 정수와 1개의 문자가 저장된 리스트를 배열로 변환하면 모두 같은 문자 타입으로 변환됩니다.

```
import numpy as np
a = np.array([1,2,'3',4])
print(a)
```

> ['1' '2' '3' '4']

배열을 생성하기 위해 꼭 리스트가 있어야하는 것은 아닙니다. zeros( ), ones( ),
eye( ) 같은 다양한 함수를 사용해서 배열을 초기화할 수도 있습니다.

```python
import numpy as np
a = np.zeros(10)    # 0으로 이루어진 크기가 10인 배열 생성
print(a)
```

> [0. 0. 0. 0. 0. 0. 0. 0. 0. 0.]

```python
import numpy as np
a = np.ones(10)     # 1로 이루어진 크기가 10인 배열 생성
print(a)
```

> [1. 1. 1. 1. 1. 1. 1. 1. 1. 1.]

```
import numpy as np
a = np.eye(3)    # 3행 x 3열의 단위 배열 생성
print(a)
```

```
[[1. 0. 0.]
 [0. 1. 0.]
 [0. 0. 1.]]
```

앞서 살펴본 세 가지 예는 0 또는 1로 배열을 채우고 싶을 때 무척 유용합니다.
하지만 0과 1이 아닌 연속된 숫자로 데이터를 생성하는 것은 어떻게 할 수 있을
까요?

다음은 연속된 숫자로 데이터를 생성하는 것을 보여주는 예시로, numpy의
arange() 함수는 값을 3개까지 입력하여 사용할 수 있습니다.

```
import numpy as np
print(np.arange(3))       # arange() 함수에 1개 값 입력
print(np.arange(3,7))     # arange() 함수에 2개 값 입력
print(np.arange(3,7,2))   # arange() 함수에 3개 값 입력
```

```
[0 1 2]
[3 4 5 6]
[3 5]
```

arange( ) 함수에 값을 하나만 입력할 경우, 0부터 해당 숫자보다 1만큼 작은 정수까지 저장된 배열이 만들어집니다. 값을 두 개 입력할 경우, 첫 번째 숫자부터 두 번째 숫자보다 1만큼 작은 정수까지 저장된 배열이 만들어집니다. 값을 세 개 입력할 경우, 첫 번째 숫자부터 두 번째 숫자보다 1만큼 작은 정수까지의 범위에서 세 번째 숫자만큼의 간격을 둔 숫자가 저장된 배열이 만들어집니다.

또 다른 숫자를 생성하는 방법으로 numpy의 linspace( ) 함수를 사용할 수 있습니다.

```python
import numpy as np
a = np.arange(1, 2, 0.1)    # 1이상 2미만 구간에서 0.1 간격으로 실수 생성
b = np.linspace(1, 2, 11)   # 1부터 2까지 11개 구간으로 나눈 실수 생성
print(a)
print(b)
```

실행 결과

```
[1.  1.1 1.2 1.3 1.4 1.5 1.6 1.7 1.8 1.9]
[1.  1.1 1.2 1.3 1.4 1.5 1.6 1.7 1.8 1.9 2. ]
```

numpy의 linspace( ) 함수는 특정 구간을 쪼개어 값을 생성한다는 점에서 arange( ) 함수와 비슷합니다. 하지만 arange( ) 함수에서는 간격을 지정하고 linspace( ) 함수에서는 구간의 개수를 지정한다는 점에서 차이가 있습니다.

두 함수는 다양하게 활용될 수 있으며 쓰임에 다소 차이가 있기에 사용하고자 하는 목적에 맞게 사용하면 됩니다. 특정 간격에 해당하는 값을 생성하고 싶을 때는 arange( ) 함수를, 특정 개수의 구간으로 나눈 값을 생성하고 싶을 때는 linspace( ) 함수를 사용할 수 있습니다.

```
import numpy as np
a = np.arange(-np.pi, np.pi, np.pi/10)
b = np.linspace(-np.pi, np.pi, 20)
print(a)
print(b)
```

실행
결과

```
[-3.14159265 -2.82743339 -2.51327412 -2.19911486 -1.88495559 -1.57079633
 -1.25663706 -0.9424778  -0.62831853 -0.31415927  0.          0.31415927
  0.62831853  0.9424778   1.25663706  1.57079633  1.88495559  2.19911486
  2.51327412  2.82743339]
[-3.14159265 -2.81089869 -2.48020473 -2.14951076 -1.8188168  -1.48812284
 -1.15742887 -0.82673491 -0.49604095 -0.16534698  0.16534698  0.49604095
  0.82673491  1.15742887  1.48812284  1.8188168   2.14951076  2.48020473
  2.81089869  3.14159265]
```

5 numpy array의 다양한 활용

그런데 np.zeros(), np.ones() 함수는 있는데 왜 np.twos(), np.threes() 함수
는 없을까요? 만약 초깃값이 5인 배열을 100개 만들고 싶으면 어떻게 하면 될까
요? 바로 이 점이 numpy array를 우리가 알아야 하는 가장 큰 이유인 것 같습니다.
이해를 돕기 위해 다음 코드와 실행 결과를 살펴보겠습니다.

```
import numpy as np
a = np.zeros(10) + 5
print(a)
```

[5. 5. 5. 5. 5. 5. 5. 5. 5. 5. 5.]

이번에는 배열에 연산이 아닌 함수를 적용하겠습니다.

```python
import numpy as np
a = np.linspace(1, 2, 11)
print(np.sqrt(a))   # a값의 제곱근을 출력함
```

[1.   1.04880885 1.09544512 1.14017543 1.18321596 1.22474487
 1.26491106 1.30384048 1.34164079 1.37840488 1.41421356]

보다시피 배열에 어떤 연산이나 함수를 적용하면 배열의 모든 값이 한꺼번에 계산되는 것을 알 수 있습니다. 이런 특성을 활용하면 다음과 같이 아주 간단한 코드로 그래프를 나타낼 수 있습니다.

```python
import matplotlib.pyplot as plt
import numpy as np
a = np.arange(-np.pi, np.pi, np.pi/100)
plt.plot(a, np.sin(a))
plt.show()
```

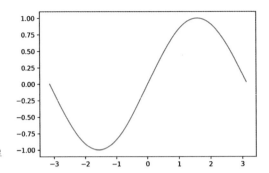

그림 13-8

numpy 배열에 sin()
함수를 적용해 그래프로
나타낸 결과

이 코드의 3행은 pi 값을 기준으로 특정 범위를 생성하고, 범위 내 숫자들을 pi 값을 100으로 나눈 값만큼 간격을 두어 배열 a에 저장한 것입니다. 그런 다음 sin() 함수를 a에 저장된 값 전체에 적용한 후 그래프로 표현하였습니다. 즉, 특정 구간의 sin() 함수의 모습을 쉽게 시각화할 수 있습니다.

이를 응용하여, 다음은 배열 a에 저장된 값을 바탕으로 sin() 함수와 cos() 함수를 표현한 것입니다. 6행을 보면 sin() 함수의 평행이동도 쉽게 구현할 수 있음을 보여줍니다.

```python
import matplotlib.pyplot as plt
import numpy as np
a = np.arange(-np.pi, np.pi, np.pi/100)
plt.plot(a, np.sin(a))
plt.plot(a, np.cos(a))
plt.plot(a+np.pi/2, np.sin(a))
plt.show()
```

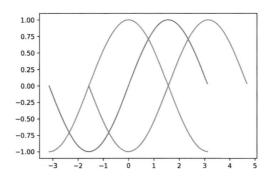

그림 13-9
배열에 sin() 함수와
cos() 함수를 적용하여
그래프로 나타낸 결과

마지막으로 마스크(mask) 기능에 대해 알아보겠습니다. 마스크는 어떤 조건에 부합하는 데이터만 선별적으로 저장하기 위한 기능입니다.

> **TIP**
> 마스크(mask)에 뚫린 부분과 막힌 부분이 있는 것을 떠올리면 조금 더 쉽게 이해될 겁니다.

예를 들어 다음처럼 a라는 배열을 만들었을 경우 0보다 작은 수는 −5부터 −1까지입니다.

```python
import numpy as np
a = np.arange(-5, 5)
print(a)
```

실행 결과

```
[-5 -4 -3 -2 -1 0 1 2 3 4]
```

numpy에서는 이런 상황을 배열 전체에 조건을 적용해서 다음처럼 표현할 수 있습니다. 그러면 배열에서 조건에 부합하는 데이터는 True, 그렇지 않은 데이터는 False인 마스크가 생성됩니다.

```
print(a<0)
```

실행
결과

```
[ True  True  True  True  True False False False False False]
```

실행 결과를 살펴보면 배열 a에서 0보다 작은 값은 True, 같거나 큰 값은 False
로 출력되었음을 알 수 있습니다.

이제 이 마스크를 다시 배열에 적용하면 다음과 같이 조건에 부합하는 데이터만
남습니다.

```
print(a[a<0])
```

실행
결과

```
[-5 -4 -3 -2 -1]
```

그리고 마스크를 다음과 같이 변수에 넣어서 사용할 수도 있습니다.

```
mask1 = abs(a) > 3
print(a[mask1])
```

실행
결과

```
[-5 -4  4]
```

TIP
여기에서 'abs(a) > 3'은 'a 배열에 저장된 원소의 절대
값이 3보다 크다'라는 의미입니다.

또 이렇게 몇 개의 마스크를 연결해서 사용할 수도 있습니다.

```
mask1 = abs(a) > 3
mask2 = abs(a) % 2 == 0
print(a[mask1+mask2])    # 둘 중 하나의 조건이라도 참일 경우
print(a[mask1*mask2])    # 두 가지 조건이 모두 참일 경우
```

```
[-5 -4 -2 0 2 4]
[-4 4]
```

이 외에도 마스크는 다양하게 활용될 수 있는데요. 그림 13-7에서 만들었던 버블 차트에 마스크를 적용하면 어떤 그래프가 그려질지 직접 확인하세요!

numpy 라이브러리를 사용하여 재미있는 버블 차트 그리기

```
import matplotlib.pyplot as plt
import numpy as np
x = np.random.randint(-100, 100, 1000) # 1000개의 랜덤 값 추출
y = np.random.randint(-100, 100, 1000) # 1000개의 랜덤 값 추출
mask1 = abs(x) > 50              # x에 저장된 값 중 절댓값이 50보다 큰 값 걸러 냄
mask2 = abs(y) > 50              # y에 저장된 값 중 절댓값이 50보다 큰 값 걸러 냄
x = x[mask1+mask2]              # mask1과 mask2 중 하나라도 만족하는 값 저장
```

```
y = y[mask1+mask2]   # mask1과 mask2 중 하나라도 만족하는 값 저장
size = np.random.random(len(x)) * 100   # 크기가 x 데이터 개수만큼인 데이터 생성
plt.scatter(x, y, s=size, c=x, cmap='jet', alpha=0.7)
plt.colorbar()
plt.show()
```

실행
결과

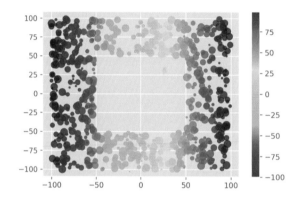

그림 13-10
버블 차트에 마스크를
적용한 결과

지금까지 numpy 라이브러리의 아주 기초적인 사용 방법을 살펴보았습니다. 이 책에서는 numpy array의 내부 원리 등은 다루지 않고 이 정도 수준에서 가볍게 활용하는 방법만을 다룹니다. 만약 더 자세한 내용이 궁금하다면 전문적인 도서를 읽어보거나, 인터넷에 있는 numpy 문서들을 참고하세요.

- URL https://docs.scipy.org/doc/numpy/index.html

UNIT 14

numpy를 활용한 나만의 프로젝트 만들기

DATA ANALYSIS FOR EVERYONE

▶ **실습 데이터** Unit14/unit14-01.ipynb, age.csv

지난 시간에 우리는 numpy 라이브러리를 사용하는 방법을 배웠습니다. 이번 시간에는 numpy를 활용하여 '우리 동네 인구 구조와 가장 비슷한 곳을 찾는' 간단한 프로젝트를 만들겠습니다. 특히 이번 프로젝트는 여러분이 이 책을 다 읽고 난 후 여러분만의 데이터 프로젝트를 만드는 데 도움이 되도록, 프로젝트를 점진적으로 완성하는 과정을 보여주려고 합니다. 이번 프로젝트를 진행하면서 나만의 프로젝트에 대한 구상을 함께 해보길 바랍니다.

1 관심 있는 데이터 찾기

나만의 데이터 프로젝트를 시작하는 데는 다양한 절차가 있지만, 처음 시작하는 단계에서는 관심 있는 데이터를 찾는 것에서부터 시작하는 것이 좋습니다.

최근 공공기관에서 많은 공공데이터를 제공하기 때문에 이전에 소개했던 공공데이터포털(www.data.go.kr/)을 이용하거나, 인터넷 검색을 해보면 관심 있는 분야의 데이터를 쉽게 찾을 수 있습니다.

그림 14-1
공공데이터포털

그림 14-2
공공데이터포털에서
제공하는 다양한 데이터
사례

그림 14-3
구글에서 범죄율
데이터로 검색한 결과

물론 여러분이 원하는 데이터가 없을 수도 있지만, 검색을 하다 보면 흥미 있는
데이터를 찾을 수 있을 겁니다. 저도 다양한 데이터를 찾아보면서 이 책에 나오
는 데이터(기온, 인구, 대중교통)들을 찾았고, 이 데이터에 다양한 질문을 던지면
서 여러 가지 재미있는 프로젝트들을 진행할 수 있었습니다.

만약 다른 데이터를 찾는 것이 조금 어렵거나 번거롭다면 지금까지 실습한 기온, 인구, 대중교통 데이터에 색다른 질문을 던져서 진행해도 좋습니다. 저는 이 3가지 데이터 중에서도 유독 재미있다고 생각하는 데이터가 있는데, 바로 '인구 데이터'입니다.

'인구 통계의 변화는 미래와 관련된 것 가운데 정확한 예측을 할 수 있는 유일한 사실'이라는 피터 드러커의 말처럼, 인구 데이터는 미래를 이해하는 데 중요한 데이터입니다. 그리고 무엇보다도 인구 데이터를 보면서 다양한 질문을 던질 수 있기에, 여러 데이터 중 인구 데이터를 바탕으로 저만의 프로젝트를 시작하겠습니다.

2 데이터 살펴보며 질문하기

관심 있는 데이터를 살펴보면 자연스럽게 질문이 떠오르기 마련입니다. Unit 7에서 다뤘던 인구 데이터를 다시 한번 살펴보겠습니다.

그림 14-4
Unit 7에서 살펴본
age.csv 파일

데이터를 살펴볼 때는 엑셀과 같은 스프레드시트 프로그램을 활용해서 데이터를 구석구석 살펴보는 것이 좋습니다. 자신이 흥미가 있는 데이터를 보면서 데이터가 어떤 내용을 담고 있는지, 또 어떤 내용은 담고 있지 않은지, 데이터가 기록된 기간은 언제부터 언제까지인지, 어떤 형태로 시각화해보면 어떤 정보들을 알 수 있을 것 같은지 등의 질문을 던지다 보면 재미있는 질문들을 찾아낼 수 있을 겁니다.

저는 이 데이터를 살펴보며 다음과 같은 질문들을 떠올렸습니다. 여러분도 이 인구 데이터를 보며 떠오르는 질문이 있으면 적어보세요.

- **전국에서 영유아들이 가장 많이 사는 지역은 어디일까?**
- **보통 학군이 좋다고 알려진 지역에는 청소년들이 많이 살까?**
- **광역시 데이터를 10년 단위로 살펴보면 청년 비율이 줄고 있다는 사실을 알 수 있을까?**
- **서울에서 지난 5년간 인구가 가장 많이 증가한 구는 어디일까?**
- **우리 동네의 인구 구조와 가장 비슷한 동네는 어디일까?**

이 질문들 중 일부는 추가적인 데이터를 찾아봐야 하는 경우도 있지만, 기본적으로는 우리가 갖고 있는 공공데이터에서 답을 찾을 수 있습니다. 이런 질문에 대한 답은 보통 인터넷 검색으로 찾기 어렵습니다. 이를 통해 지금 우리가 진행하려는 데이터 프로젝트가 그만큼 가치 있는 정보를 만들어내는 과정이라는 사실을 알 수 있습니다.

3 질문을 명확한 문제로 정의하기

그렇지만 앞에서 던진 질문들은 조금 더 다듬을 필요가 있습니다. 예를 들어 '전국에서 가장 영유아들이 많이 사는 지역은 어디일까?'라는 질문은 '전국에 있는 읍면동 중 만 0세 이상 6세 이하의 인구 비율이 높은 상위 10 곳은 어디일까?'라는 질문으로 바꿀 수 있습니다. 또 청소년은 만 13세 이상 만 19세 미만의 인구, 청년은 만 19세 이상의 인구로 구체적인 나이를 언급한 질문으로 바꿀 수 있겠지요. 이렇게 문제를 명확히 정의하고 나면 현재 갖고 있는 데이터로 문제를 해결할 수 있는지를 판단할 수 있을 뿐 아니라, 문제를 해결하기 위한 알고리즘을 설계하는 것도 훨씬 수월해집니다.

앞서 모든 질문에 대한 답을 찾아볼 수 있겠지만, 여기에는 한 가지 질문만을 선택해서 명확한 문제로 정의하겠습니다. 질문을 선택할 때는 가장 궁금하면서도 현재 지식과 능력으로 해결 가능한 것을 선택합니다.

개인적으로 내가 살고 있는 동네의 인구 구조와 가장 비슷한 동네를 찾는 질문이 가장 재미있을 것 같습니다. 이 질문에 대한 답을 찾으면 우리 동네뿐만 아니라 전국에 있는 모든 지역을 대상으로 가장 비슷한 지역이 어디인지 알 수 있을 겁니다. 그리고 그 결과는 상권을 분석하거나, 3~5년 후 발생할 수 있는 학교 수요·공급 문제를 예측하는 데 도움을 줄 수 있을 것이기 때문입니다.

그러면 '우리 동네의 인구 구조와 가장 비슷한 지역은 어디일까?'라는 질문을 '전국에서 신도림동의 연령별 인구 구조와 가장 형태가 비슷한 지역은 어디일까?'라고 다듬었습니다. 물론 문제를 좀 더 명확하게 정의할 수도 있지만, 이 정도로 생각해도 알고리즘을 생각하는 데 큰 무리는 없을 것 같습니다.

4 알고리즘 설계하기

이제 문제를 해결하기 위한 절차, 즉 알고리즘을 설계하겠습니다. 알고리즘 설계에 앞서서 우리가 해결하려는 문제가 현재 가진 데이터(입력)로 해결할 수 있는지 확인해야 합니다. 만약 현재 데이터로 불충분하다면 문제 해결에 필요한 데이터를 더 수집해야 하니까요.

우리가 해결하려는 문제는 '우리 동네의 인구 구조와 가장 비슷한 지역은 어디일까?'입니다. 문제 해결을 위해 필요한 데이터는 지역별 인구수를 연령대, 성별을 기준으로 구분한 자료입니다. 우리는 이러한 자료를 행정안전부 홈페이지에서 얻을 수 있었습니다(Unit 7). 따라서 문제 해결을 위해 필요한 데이터를 충분히 갖고 있다고 볼 수 있습니다.

현재 수집된 데이터로 문제를 해결할 수 있다면 문제를 해결하기 위한 절차를 차례대로 생각해 봅니다. 이 단계는 코드로 작성하는 것을 생각하는 것이 아니고 문제를 해결하기 위한 논리적인 절차를 생각하는 것입니다.

'전국에서 신도림동의 연령별 인구 구조와 가장 형태가 비슷한 지역은 어디일까?'라는 질문을 해결하기 위해 다음과 같은 5단계를 생각했습니다.

1 | 데이터를 읽어온다.
2 | 궁금한 지역의 이름을 입력받는다.
3 | 궁금한 지역의 인구 구조를 저장한다.
4 | 궁금한 지역의 인구 구조와 가장 비슷한 인구 구조를 가진 지역을 찾는다.
5 | 가장 비슷한 곳의 인구 구조와 궁금한 지역의 인구 구조를 시각화한다.

이렇게 전체적인 흐름에 대해서 알고리즘을 생각한 후, 한 단계씩 해결할 수 있습니다. 함께 한 단계씩 해결해 볼까요?

> TIP
> 각 단계를 코드로 구체화하는 과정에서 많은 시행착오가 있을 수 있습니다. 이번 장에서는 그런 시행착오를 지속적으로 개선하는 과정도 눈여겨 살펴본다면 여러분만의 데이터 프로젝트를 진행할 때 도움이 될 것입니다.

5 알고리즘을 코드로 표현하기

이제 알고리즘의 각 단계를 코드로 표현하겠습니다.

■ 1 | 데이터를 읽어온다.

데이터는 Unit 7에서 수집했던 데이터를 그대로 사용하겠습니다. 따라서 데이터를 읽어오는 코드도 동일합니다.

```python
import csv
f = open('age.csv')
data = csv.reader(f)
for row in data :
    print(row)
```

['행정구역', '총인구수', '연령구간인구수', '0세', '1세', '2세', '3세', '4세', '5세', '6세', '7세', '8세', (생략), '94세', '95세', '96세', '97세', '98세', '99세', '100세 이상']
['서울특별시 (1100000000)', '9765623', '9765623', '54719', '60805', '67262', '71433', '70251', '69728', '76957', '73813', '74748', '70652', '75180', '79733', '74074', '71698', '79681', '82773', '83012', '92791', '108139', '108040', '114742', '122499', '129725', '141389', '150560', '156527', '165963', '165471', '153068', '149846', '149513', '

그리고 데이터 처리에 불필요한 헤더 부분을 제외시키고자 next() 함수를 사용합니다.

```python
import csv
f = open('age.csv')
data = csv.reader(f)
next(data)
for row in data :
    print(row)
```

■ 2 │ 궁금한 지역의 이름을 입력받는다.

name 변수에 궁금한 지역의 이름을 입력받겠습니다. 입력받는 코드의 위치는 어디가 좋을지 생각해 보고 적절한 위치에 입력하세요.

```python
name = input('인구 구조가 알고 싶은 지역의 이름(읍면동 단위)을 입력해
주세요 : ')
```

■ 3 │ 궁금한 지역의 인구 구조를 저장한다.

```python
import csv
f = open('age.csv')
data = csv.reader(f)
next(data)
home = []                              # 입력받은 지역의 데이터를 저장할 리스트 생성
name = input('인구 구조가 알고 싶은 지역의 이름(읍면동 단위)을 입력해
주세요 : ')
for row in data :
    if name in row[0] :                # 입력받은 지역의 이름이 포함된 행 찾기
        for i in row[3:] :             # 3번 인덱스 값부터 슬라이싱
            home.append(int(i))        # 입력받은 지역의 데이터를 home에 저장
print(home)                            # home에 저장된 데이터 출력
```

실행 결과

인구 구조가 알고 싶은 지역의 이름(읍면동 단위)을 입력해주세요 : 신도림 ➡ 입력

[333, 358, 408, 418, 390, 416, 406, 444, 396, 408, 408, 384, 356, 370, 331, 334, 350, 358, 406, 366, 397, 440, 448, 487, 460, 471, 438, 499, 443, 502, 539, 538, 603, 609, 654, 753, 765, 790, 747, 794, 658, 698, 662, 664, 719, 703, 631, 648, 622, 572, 552, 505, 505, 543, 530, 474, 531, 562, 562, 523, 512, 468, 404, 515, 386, 390, 393, 252, 298, 265, 286, 286, 179, 164, 156, 154, 176, 143, 132, 111, 112, 90, 91, 71, 64, 42, 45, 43, 24, 27, 18, 16, 18, 10, 4, 11, 3, 3, 3, 2, 7]

여기서 9, 10행은 숫자 데이터를 한꺼번에 처리하는 부분으로 for 반복문을 사용하여 row의 3번 인덱스 값부터 끝 번 인덱스 값까지 저장합니다.

```python
for i in row[3:] :
    home.append(int(i))
```

이 코드를 Unit 13에서 배운 숫자를 다루는 유용한 라이브러리인 numpy를 사용하여 수정하겠습니다.

```python
import numpy as np
import csv
f = open('age.csv')
data = csv.reader(f)
next(data)
name = input('인구 구조가 알고 싶은 지역의 이름(읍면동 단위)을 입력해
주세요 : ')
for row in data :
    if name in row[0] :
        home = np.array(row[3:], dtype=int)
print(home)
```

9행의 dtype = int는 리스트를 numpy 배열로 저장할 때 데이터 타입을 정수로 변환하라는 옵션입니다. 여기까지 잘 작성이 되었는지 중간 점검을 위해 그래프로 표현하겠습니다.

```python
import matplotlib.pyplot as plt
plt.rc('font', family='Malgun Gothic')
plt.title(name+' 지역의 인구 구조')
plt.plot(home)
plt.show()
```

실행 결과

인구 구조가 알고 싶은 지역의 이름(읍면동 단위)을 입력해주세요 : 신도림동 ➡ 입력

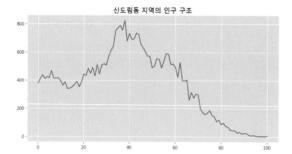

그림 14-5

numpy 라이브러리를
사용해서 신도림동의
인구 구조를 그래프로
나타낸 결과

■ 4 | 궁금한 지역의 인구 구조와 가장 비슷한 인구 구조를 가진 지역 찾기

이제 우리 프로젝트에서 가장 중요한 부분입니다. 특정 지역의 인구 구조와 가장
비슷한 인구 구조를 가진 지역을 어떻게 찾을 수 있을까요? 여러분도 잠깐 고민
해보기 바랍니다.

만약 궁금한 지역을 A, 비교할 지역을 B라고 하면 A의 0세 인구수와 B의 0세 인
구수의 차이, A의 1세 인구수와 B의 1세 인구수의 차이, 이런 식으로 A의 100세
이상 인구수와 B의 100세 이상 인구수의 차이를 모두 더했을 때 그 차이가 가장
작은 지역을 찾으면 어떨까요?

이것을 다시 알고리즘으로 표현하겠습니다.

❶ 전국의 모든 지역 중 한 곳(B)을 선택한다.

❷ 궁금한 지역 A의 0세 인구수에서 B의 0세 인구수를 뺀다.

❸ ❷를 100세 이상 인구수에 해당하는 값까지 반복한 후 각각의 차이를 모두
더한다.

❹ 전국의 모든 지역에 대해 반복하며 그 차이가 가장 작은 지역을 찾는다.

혹시 이 알고리즘을 보면서 문제가 될 것 같다고 생각이 드는 부분이 있나요?
다음 질문에 대한 답을 확인하며 이 알고리즘을 수정합시다.

Q1. 서로 다른 인구를 가진 두 지역을 어떻게 비교할 수 있을까?

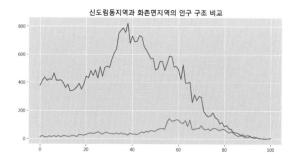

그림 14-6
신도림동과 화촌면의
인구 구조 그래프

그림 14-6의 그래프는 서울시 구로구 신도림동과 강원도 홍천군 화촌면의 연령별 인구를 그래프로 표현한 것입니다. 보는 것처럼 전체 인구수가 다른 두 지역에서, 연령별 인구수 차이를 구하는 형태로 비교하기는 어렵습니다.

따라서 '❷ 궁금한 지역 A의 0세 인구수에서 B의 0세 인구수를 뺀다'는 알고리즘은 수정이 필요합니다.

그러면 어떻게 비교해야 할까요? 인구 구조를 비교하려는 것이므로 비율로 비교하면 됩니다. 알고리즘을 이렇게 수정하겠습니다.

❶ 전국의 모든 지역 중 한 곳(B)을 선택한다.

❷ 궁금한 지역 A의 0세 인구 비율에서 B의 0세 인구 비율을 뺀다.

❸ ❷를 100세 이상 인구수에 해당하는 값까지 반복한 후 각각의 차이를 모두 더한다.

❹ 전국의 모든 지역에 대해 반복하며 그 차이가 가장 작은 지역을 찾는다.

비율을 구하려면 그 지역의 전체 인구수로 연령대별 인구수를 나누면 됩니다. 데이터에서 2번 인덱스에 전체 인구수가 저장되어 있으므로 아래와 같이 코드를 수정합니다.

```
home = np.array(row[3:], dtype=int) / int(row[2])
```

수정한 코드로 신도림동의 인구 구조 그래프를 그려보니 비율로 잘 나타난 것을 볼 수 있습니다.

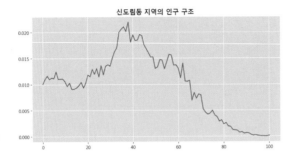

그림 14-7
신도림동의 연령대별
인구 비율을 그래프로
나타낸 결과

이렇게 비율을 적용하여 신도림과 화촌면 지역의 그래프를 그려보면, 각 지역에서 특정 연령층이 차지하는 비율을 쉽게 비교할 수 있습니다. 예를 들어, 20대의 비율은 신도림이 높으나, 60대의 비율은 화촌면이 높은 것을 쉽게 알 수 있습니다.

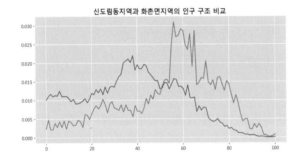

그림 14-8
신도림동과 화촌면의
인구 구조 그래프

> **TIP** 어떻게 하면 두 지역의 그래프를 동시에 그릴 수 있을까요? 두 리스트에 서로 다른 지역의 데이터를 저장하고 그려주면 되겠죠? Unit 12의 마지막 코드를 참고해서 한번 도전해 보세요(200쪽).

Q2. 한 번 불러온 데이터를 여러 번 사용하려면 어떻게 해야 할까?

이제 궁금한 지역과 다른 지역의 연령별 인구 비율을 뺄 차례입니다. home에는 궁금한 지역의 데이터가 저장되어 있으므로 새롭게 데이터를 찾기 위해 이런 코드를 작성했는데요. 이 코드가 실행되면 어떤 결과가 출력될까요?

```
import numpy as np
import csv
f = open('age.csv')
data = csv.reader(f)  # ❶
next(data)
name = input('인구 구조가 알고 싶은 지역의 이름(읍면동 단위)을 입력해
주세요 : ')
for row in data :        # ❷
    if name in row[0] :
        home = np.array(row[3:], dtype=int)/int(row[2])  # ❸
for row in data :        # ❹
    print(row)           # ❺
```

아마 대부분 전체 인구 데이터가 잘 출력되리라 예상했을 겁니다. 그러면 실제로
코드를 실행해보세요. 어떤 결과가 나오나요?

네, 인구 구조가 알고 싶은 지역의 이름을 입력해도 아무것도 출력되지 않습니
다. 왜 그럴까요?

❶에서 읽어온 데이터는 ❷를 거치면서 처음부터 마지막 줄까지 한 줄씩 아래로
읽힙니다. 따라서 ❸의 for 반복문이 끝난 후에는 더 이상 읽을 수 있는 데이터
가 없습니다. 그런 상태에서 ❹~❺에서 다시 데이터를 읽으려고 하니 읽을 데이
터가 없는 것이지요.

이 문제를 해결할 수 있는 방법은 여러 가지가 있지만, 그중 하나는 데이터를 리
스트로 저장하는 것입니다. 다음 코드를 next( ) 함수 다음 줄에 추가합니다.

```
data = list(data)
```

이 코드를 추가한 후 다시 실행을 시켜보면 데이터가 잘 출력되는 것을 볼 수 있습니다.

```
['서울특별시  (1100000000)', '9765623', '9765623', '54719', '60805', '67262', '71433',
'70251', '69728', '76957', '73813', '74748', '70652', '75180', '79733', '74074', '71698', '79681',
'82773', '83012', '92791', '108139', '108040', '114742', '122499', '129725', '141389', '150560',
'156527', '165963', '165471', '153068', '149846', '149513', ' (생략)
```

TIP 이렇게 알고리즘을 생각할 때는 생각지도 못했던 크고 작은 문제들이 계속 생기는 것을 볼 수 있습니다. 그리고 이런 문제들을 해결할 때는 혼자 고민하는 것도 중요하지만, 온오프라인의 친구들 또는 인터넷 검색(흔히 '구글링'이라고 말합니다)을 잘 하는 것도 중요합니다.

계속해서 알고리즘을 구현하겠습니다.

■ **① 전국의 모든 지역 중 한 곳(B)을 선택한다. & ② 궁금한 지역 A의 0세 인구 비율에서 B의 0세 인구 비율을 뺀다.**

먼저 home의 인구 비율에서 다른 지역의 인구 비율을 빼는 것을 코드로 표현하면 다음과 같습니다. 여기에서 다른 지역을 away라는 이름으로 지정했습니다.

```
import numpy as np
import csv
f = open('age.csv')
data = csv.reader(f)
next(data)
data = list(data)
name = input('인구 구조가 알고 싶은 지역의 이름(읍면동 단위)을 입력해
주세요 : ')
for row in data :
```

```
        if name in row[0] :
            home = np.array(row[3:], dtype=int)/int(row[2]) # ❶
    for row in data :
        away = np.array(row[3:], dtype=int)/int(row[2])      # ❷
        print(home - away)                                   # ❸
```

인구 구조가 알고 싶은 지역의 이름(읍면동 단위)을 입력해주세요 : 신도림동 ⟶ 입력

[3.33517078e−03   3.38301512e−03   4.06391992e−03   3.90522978e−03

   3.27468963e−03   4.02613774e−03   3.01746764e−03   4.35941063e−03

   2.97524894e−03   3.71678385e−03   3.25311655e−03   2.14268042e−03

   1.97058517e−03   2.58967611e−03   7.25377390e−04   4.89282629e−04

   8.94281578e−04   1.07648050e−04 −1.75569810e−04 −1.23911359e−03

   ... (생략)]

❶은 사용자로부터 입력받은 지역의 연령대별 인구 비율을 home에 저장하는 코드입니다. ❷은 다른 동네의 인구 비율을 away에 저장하는 것을, ❸ home에 저장된 인구 비율과 away에 저장된 값의 차를 출력하는 것을 의미합니다.

> TIP
> 3.33517078e−03은 3.33517078 x 10⁻³이라는 의미로 0.00333517078을 의미합니다.

실행 결과를 확인하면 신도림의 연령대별 인구 비율과 다른 동네의 연령대별 인구 비율을 뺀 계산 결과가 출력되는 것을 알 수 있습니다. 다음 단계로 넘어가 볼까요?

- **❸ ❷를 100세 이상 인구수에 해당하는 값까지 반복한 후 각각의 차이를 모두 더한다.**

값을 더할 때 for 반복문을 사용할 수도 있지만, 이제 그 정도 코드는 쉽게 작성할 수 있기 때문에 numpy의 sum( ) 함수를 사용하겠습니다. 출력 부분 코드를 조금 수정하면 합계가 출력됩니다.

```
print(np.sum(home-away))
```

인구 구조가 알고 싶은 지역의 이름(읍면동 단위)을 입력해주세요 : 신도림동 ➜ 입력

-3.25260651746e-19

-4.55364912444e-18

-1.08420217249e-18

5.20417042793e-18

1.08420217249e-17

(생략)

실행 결과를 확인하면 10^{-18} 정도의 아주 작은 값이 나오는 것을 볼 수 있네요.

- **❹ 전국의 모든 지역에 대해 반복하며 그 차이가 가장 작은 지역을 찾는다.**

이제 그동안 많이 해왔던 최솟값을 찾는 패턴의 문제입니다. 앞에서 많이 다뤄본 패턴이기 때문에 코드를 보면 이해하기 어렵지 않을 거예요.

```
import numpy as np
import csv
```

```
f = open('age.csv')
data = csv.reader(f)
next(data)
data = list(data)
name = input('인구 구조가 알고 싶은 지역의 이름(읍면동 단위)을 입력해
주세요 : ')
mn = 1              # 최솟값을 저장할 변수 생성 및 초기화
result_name = ''    # 최솟값을 갖는 지역의 이름을 저장할 변수 생성 및 초기화
result = 0          # 최솟값을 갖는 지역의 연령대별 인구 비율을 저장할 배열 생성 및 초기화
for row in data :
    if name in row[0] :
        home = np.array(row[3:], dtype=int)/int(row[2])   # ❶
for row in data :   # ❻
    away = np.array(row[3:], dtype=int)/int(row[2])   # ❷
    s = np.sum(home-away)   # ❸
    if s < mn :      # ❹
        mn = s       # ❺
        result_name = row[0]
        result = away
```

사용자로부터 입력받은 지역의 인구 비율을 home에 저장합니다(❶). 그런 다음
다른 지역의 인구 비율을 away에 저장한 후(❷) home에 저장된 값과 away에 저장
된 값의 차이의 합을 계산합니다(❸). if 조건문 안에서는 위에서 계산한 합이 최
솟값인지 확인합니다(❹). 만약 최솟값이라면 변수 mn의 값을 갱신하고(❺), 최솟
값을 갖는 지역의 이름과 해당 지역의 연령대별 인구 비율 값을 저장합니다. 이
과정은 전체 데이터에 대해 반복합니다(❻).

코드를 실행하니 에러가 발생하지 않는 것으로 보아 가장 비슷한 인구 구조를 가
진 지역을 찾은 것 같습니다.

드디어 마지막 단계입니다. 데이터를 시각화할 때는 다양한 형태 중 적절한 형태를 고르는 것이 중요한데요. 여기에서는 두 개의 그래프를 비교할 목적이므로 가장 기본 그래프인 꺾은선 그래프로 표현하겠습니다. 드디어 우리 프로젝트의 결과가 나옵니다!

```
import matplotlib.pyplot as plt
plt.plot(home)
plt.plot(result)
plt.show()
```

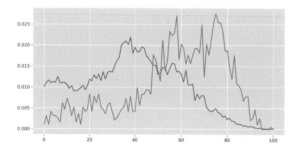

그림 14-9
두 지역의 인구 구조를
그래프로 나타낸 결과

빨간색 그래프가 신도림동에 대한 그래프인 것을 알 수 있는데 파란색 그래프가 가장 비슷한 인구 구조를 가진 지역이라니 믿기가 좀 어렵습니다. 그래도 어떤 지역인지 궁금하기 때문에 그래프에 제목과 범례를 넣어서 다시 표현하겠습니다.

```
import matplotlib.pyplot as plt

plt.rc('font', family='Malgun Gothic')
plt.title(name+' 지역과 가장 비슷한 인구 구조를 가진 지역')   # 그래프 제목 설정
plt.plot(home, label=name)                    # home 값을 그리는 그래프 레이블 설정
plt.plot(result, label=result_name)           # result 값을 그리는 그래프 레이블 설정
```

```
plt.legend()                                          # 범례 표기
plt.show()
```

신도림동 지역과 가장 비슷한 인구 구조를 가진 지역

그림 14-10
신도림과 인구 구조가
비슷한 지역을 그래프로
나타낸 결과

TIP 데이터 다운로드 시기에 따라 결과는 다르게 나타날 수 있습니다.

충청남도 논산시 연산면에 대한 그래프였네요. 그런데 무엇이 문제여서 이렇게 수긍하기 어려운 결과가 나온 것일까요?

코드가 잘 실행이 되어 그래프까지 그려진 것을 보면 코드의 문제가 아니라는 것을 알 수 있습니다. 그런데 이상한 지역을 찾은 것을 보니 인구 구조가 가장 비슷한 지역을 찾는 알고리즘이 잘못 설계된 것 같네요.

문제를 해결하는 과정을 다시 천천히 되돌아보겠습니다. 여러분도 어디가 문제인지 잠시 생각해 보세요!

❶ 전국의 모든 지역 중 한 곳(B)을 선택한다.

❷ 궁금한 지역 A의 0세 인구 비율에서 B의 0세 인구 비율을 뺀다.

❸ ❷를 100세 이상 인구수에 해당하는 값까지 반복한 후 각각의 차이를 모두 더한다.

❹ 전국의 모든 지역에 대해 반복하며 그 차이가 가장 작은 지역을 찾는다.

아마 처음 이 알고리즘을 설계할 때부터 문제를 발견한 사람도 있을 것입니다.

혹은 지금 다시 돌아보면서 어느 부분에서 문제가 있다는 것을 발견했을지도 모릅니다. 한번 출력해 볼까요?

```python
print(np.sum(home - away))
```

```
-3.25260651746e-19
-4.55364912444e-18
-1.08420217249e-18
5.20417042793e-18
1.08420217249e-17
(생략)
```

이 결과를 보고 어떤 생각이 들었나요? 우리가 찾는 것은 인구 구조가 가장 비슷한 지역이었습니다. 즉, 연령대별 인구 비율과 분포가 가장 비슷한 지역을 찾는 것이지요. 즉, 두 지역의 차이를 합한 값이 0에 가까울수록 인구 구조가 비슷하겠지요. 그런데 지금 알고리즘에서는 음수(-) 값이 선택되어 이런 이상한 결과가 나온 것입니다.

```python
if s < mn :
```

문제의 원인을 발견했으니 해결하는 것은 그렇게 어렵지 않습니다. 어떻게 해결하면 좋을까요? 절댓값을 씌워도 좋고 제곱 값을 이용할 수도 있겠네요. 여기에서는 거듭제곱 연산자를 활용해서 코드를 아주 간단하게 수정해 보겠습니다.

```
s = np.sum((home-away)**2)
```

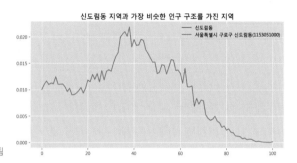

그림 14-11

음수를 제거한 결과:
신도림동이 중복 출력됨

원하는 결과가 나왔나요? 신도림동과 가장 비슷한 지역은 바로 신도림동이었습니다. 원하는 답이 아니긴 해도, 이렇게 결과를 찾은 것을 보니 조금 마음이 놓입니다. 왜냐면 이는 우리 알고리즘이 잘 작동한다는 의미이기 때문입니다. 이제 자기 자신을 제외한 지역에 대해서만 찾도록 코드를 수정하면 될 것 같습니다. 프로젝트 완성이 눈앞에 있네요!

not in 연산을 사용하여, 입력받은 이름과 같은 이름이 아닌 데이터 중에서 최솟값을 찾도록 합니다.

```
if s < mn and name not in row[0] :
```

TIP
전국에서 인구 구조가 완전히 똑같은 지역은 없을 것이라고 가정하면 if 0 < s < mn : 와 같이 코드를 작성할 수도 있습니다.

계속 신도림동에 대해서만 찾아보았으니 이번에는 학원가가 밀집되어 있다는 서울시 노원구 중계1동과 인구 구조가 가장 비슷한 지역을 찾아보겠습니다.

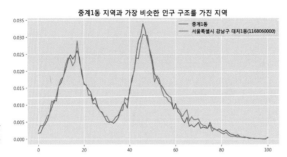

그림 14-12

학원가가 밀집된 중계
1동과 인구 구조가 가장
비슷한 지역은 대치 1동
으로 나타남

실행 결과를 보면 두 지역의 인구 구조가 정말 비슷하다는 것을 알 수 있습니다. 사실 이 두 지역의 남녀 연령별 인구 구조를 분석하면 또 재미있는 현상을 발견할 수 있는데, 이는 독자 여러분의 몫으로 남겨두겠습니다.

완성된 코드를 실행해서 다양한 지역의 이름을 넣어보면 아주 재미있는 사실들을 많이 발견할 수 있습니다. 그리고 그 결과는 해당 지역의 특성을 이해하는 데 큰 도움이 됩니다.

만약 누군가가 전국 모든 지역에 대해 인구 구조가 가장 비슷한 지역을 찾고, 이를 그래프로 그려주는 프로그램을 만들었다는 이야기를 들었다고 상상해 보세요! 이 책을 읽기 전, 여러분 스스로 그것을 할 수 있을 것이라고 생각했었나요? 그러나 이제 여러분은 할 수 있습니다. 그동안 연습을 통해 최소한 이 코드를 이해할 수 있을 뿐 아니라, 필요에 따라 코드를 개선할 수 있을 정도의 역량도 갖추게 되었을 것입니다.

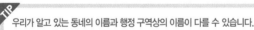

우리가 알고 있는 동네의 이름과 행정 구역상의 이름이 다를 수 있습니다.

```python
import numpy as np
import csv

# ❶ 데이터를 읽어온다.
f = open('age.csv')
data = csv.reader(f)
next(data)
data = list(data)

# ❷ 궁금한 지역의 이름을 입력받는다.
name = input('인구 구조가 알고 싶은 지역의 이름(읍면동 단위)을 입력해
주세요 : ')
mn = 1
result_name = ''
result = 0

# ❸ 궁금한 지역의 인구 구조를 저장한다.
for row in data :
    if name in row[0] :
        home = np.array(row[3:], dtype=int)/int(row[2])

# ❹ 궁금한 지역의 인구 구조와 가장 비슷한 인구 구조를 가진 지역을 찾는다.
for row in data :
    away = np.array(row[3:], dtype=int)/int(row[2])
    s = np.sum((home-away)**2)
    if s < mn and name not in row[0] :
        mn = s
        result_name = row[0]
```

```
        result = away

# ❺ 궁금한 지역의 인구 구조와 가장 비슷한 곳의 인구 구조를 시각화한다.
import matplotlib.pyplot as plt
plt.style.use('ggplot')
plt.figure(figsize=(10,5), dpi=300)
plt.rc('font', family='Malgun Gothic')
plt.title(name+' 지역과 가장 비슷한 인구 구조를 가진 지역')
plt.plot(home, label=name)
plt.plot(result, label=result_name)
plt.legend()
plt.show()
```

지금까지 '우리 동네와 가장 비슷한 인구 구조를 가진 지역은 어디일까?'라는 호기심으로 시작한 데이터 프로젝트를 함께 살펴보았습니다.

실제로 여러분만의 데이터 프로젝트를 진행하다 보면, 이 책에서 경험한 것보다 훨씬 더 많은 시행착오와 오류를 만나게 될 것입니다. 그러나 오류는 당연한 것이고, 그런 오류들을 해결하는 과정에서 내공이 쌓인다는 사실을 잊지 않았으면 좋겠습니다.

만약 당장 새로운 아이디어가 선뜻 떠오르지 않는다면 이 코드의 문제점을 발견해 개선하거나 새로운 기능을 직접 추가하기 바랍니다.

UNIT 15
테이블 형태의 데이터를 쉽게 다루도록 도와주는 pandas 라이브러리

DATA ANALYSIS FOR EVERYONE

◉ **실습 데이터** Unit15/unit15-01.ipynb, age.csv

이번 장에서는 numpy 기반의 pandas라는 데이터 분석용 라이브러리에 대해 알아보겠습니다. pandas 라이브러리는 파이썬 데이터 분석에 가장 많이 쓰이는 라이브러리인데요. pandas라는 말을 처음 듣는 사람도 있겠지만, 이 책을 다 읽고 난 후 더 전문적인 데이터 분석을 하기 원한다면 반드시 만나게 될 겁니다.

pandas 라이브러리만을 다루는 전문 서적이 있을 정도로 내용이 방대하기 때문에, 이 책에서는 'pandas 라이브러리가 이런 거구나'를 느낄 정도로만 살펴보겠습니다. 그런 다음 Unit 14에서 만들어본 데이터 프로젝트를 pandas 라이브러리를 활용해 해결해 보며 그 유용함을 느껴보겠습니다.

먼저 pandas라는 라이브러리를 어떻게 사용할 수 있는지 아주 간단한 예를 소개하겠습니다.

잠 깐 만 요 ┄┄

파이썬 IDLE에서 실습 중이었다면 pandas 라이브러리를 설치하세요!

pandas 라이브러리는 내장 라이브러리가 아니기 때문에 원래는 별도로 설치해야 하지만, 아나콘다 배포판을 사용하는 경우 내장되어 있어 따로 설치하지 않아도 됩니다. 만약 파이썬 IDLE를 사용하는 경우 다음과 같은 방법으로 pandas 라이브러리를 설치하기 바랍니다.

사용하는 컴퓨터가 윈도 10이라면 작업 표시줄 왼쪽에 있는 돋보기 모양을 눌러 'Windows 검색' 부분에 cmd를 입력합니다. 검색 결과에 명령 프롬프트가 표시되면 클릭하거나 [Enter]를 눌러 검은 창의 명령 프롬프트를 실행합니다.

명령 프롬프트에서 다음 문장을 차례로 입력하여 필요한 라이브러리를 설치할 수 있습니다.

```
pip install pandas    Enter
```

이번 장에서 필요한 라이브러리를 설치하는 방법도 유사합니다.

```
pip install lxml    Enter
pip install html5lib    Enter
pip install BeautifulSoup4    Enter
pip install openpyxl    Enter
```

1 위키백과 데이터 엑셀로 저장하기

4년마다 열리는 올림픽은 국가별로 여러 종목의 선수들을 한번에 만날 수 있는 국제적인 행사입니다. pandas 라이브러리 실습을 위해 위키백과 웹 페이지의 올림픽 메달 기록 데이터를 엑셀로 저장하는 방법을 알아보겠습니다.

먼저 위키백과의 올림픽 메달 기록을 정리해둔 페이지로 이동해 볼까요? 구글 검색 창에 '올림픽 메달 집계'라고 입력합니다.

그림 15-1
구글에서 '올림픽 메달
집계'로 검색한 결과

검색 결과에서 '올림픽 메달 집계-위키백과'라고 적힌 위키백과 페이지를 클릭해서 이동하면 국가별로 하계 및 동계 올림픽에서 메달 획득 결과를 표로 정리한 것을 볼 수 있습니다. 하계 및 동계 올림픽의 메달 획득 결과를 합산한 결과도 확인할 수 있고요.

국가별 메달 획득 현황 [편집]

국가 (IOC 코드)	하계 참가 횟수	①	②	③	계	동계 참가 횟수	①	②	③	계	전체 참가 횟수	①	②	③	총합
아프가니스탄 (AFG)	14	0	0	2	2	0	0	0	0	0	14	0	0	2	2
알제리 (ALG)	13	5	4	8	17	3	0	0	0	0	16	5	4	8	17
아르헨티나 (ARG)	24	21	25	28	74	19	0	0	0	0	43	21	25	28	74
아르메니아 (ARM)	6	2	6	6	14	7	0	0	0	0	13	2	6	6	14
오스트 랄라시아 (ANZ) [ANZ]	2	3	4	5	12	0	0	0	0	0	2	3	4	5	12
오스트레일리아 (AUS) [AUS] [2]	26	147	163	187	497	19	5	5	5	15	45	152	168	192	512
오스트리아 (AUT)	27	18	33	36	87	23	64	81	87	232	50	82	114	123	319
아제르바이잔 (AZE)	6	7	11	24	42	6	0	0	0	0	12	7	11	24	42

그림 15-2
위키백과 페이지에서 제공하는 국가별 하계 및 동계 올림픽 메달 획득 결과

웹 브라우저의 주소 창에서 이 페이지의 주소를 복사한 후, 다음과 같이 코드를 작성합니다.

```
import pandas as pd
df = pd.read_html('https://ko.wikipedia.org/wiki/%EC%98%AC%EB%A6%
BC%ED%94%BD_%EB%A9%94%EB%8B%AC_%EC%A7%91%EA%B3%84')
print(df)
```

pandas는 pd라는 별명을 주로 사용합니다. 그리고 read_html() 함수는 웹 페이지에서 테이블 형태의 데이터를 추출하는 함수입니다. 여기에서는 위키피디아 페이지에 있는 테이블 데이터를 추출해서 df라는 변수에 저장합니다. 코드를 실행하면 인터넷에서 데이터를 읽어오는 데 시간이 조금 걸립니다.

```
[        국가 (IOC 코드)  하계 참가 횟수   Unnamed: 2  ...   Unnamed: 13  Unnamed: 14   총합
0        아프가니스탄 (AFG)          14            0  ...            0            0
1          알제리 (ALG)          13            5  ...            4            8   17
2        아르헨티나 (ARG)          24           21  ...           25           28   74
3         아르메니아 (ARM)           6            2  ...            6            6   14
4    오스트랄라시아 (ANZ) [ANZ]       2            ...  ...           4            5    2
..          ...               ...          ...  ...          ...          ...  ...
148       독립 (IOA) [IOA]        3            1  ...            0            1
149   독립 참가 (IOP) [IOP]        1            0  ...            1            2    0
150  러시아 출신 올림픽 선수 (OAR)      0            0  ...            6            9   17
151      혼성 (ZZX) [ZZX]        3            8  ...            5            4   17
152        총합              28         5116  ...         6140         6540 18858

[153 rows x 16 columns],        국가 (IOC 코드)  하계 참가 횟수  동계 참가 횟수  전체 참가 횟수
0       알바니아 (ALB)          8         4        12
1     아메리칸사모아 (ASA)        8         1         9
2        안도라 (AND)         11        12        23
3        앙골라 (ANG)          9         0         9
4       앤티가 바부다 (ANT)      10         0        10
..          ...            ...       ...       ...
74      중화민국 (ROC) [ROC]    3         0         3
75        자르 (SAA) [SAA]    1         0         1
76      북예멘 (YAR) [YAR]     2         0         2
77  예멘 인민 민주 공화국 (YMD) [YMD] ...
78        난민 (ROT) [ROT]    1         0         1

[79 rows x 4 columns],           국가 (IOC 코드)  하계 참가 횟수  ...   Unnamed: 14   총합
0        독일 (GER) [5]         16     ...          292   855
1        독일 (GER) [EUA] [6]   19     ...          333   992
2        독일 (GER) [EUA] (FRG) [7]  24   ...        427  1235
3   독일 (GER) [EUA] (FRG) (GDR) [8]  25[9] ...     589  1754
```

그림 15-3
위키백과의 올림픽
메달 표를 읽어온 결과

실행 결과를 보니 뭔가 복잡해 보입니다. 국가별로 이름이 나오고 하계 및 동계 올림픽에 대한 내용이 언급되는 걸 보면 웹 페이지의 내용이 잘 불러들여진 것 같은데, 정확하게 데이터가 어떻게 구성되어 있는지 파악하기가 조금 어렵네요. 실행 결과를 보면 대괄호가 있습니다. 그렇다면 우리가 생성한 df에 저장된 데이터는 리스트 형태라는 뜻이겠죠? df 리스트의 1번 인덱스에 저장된 내용이 무엇인지 살펴볼까요?

```python
import pandas as pd
df = pd.read_html('https://ko.wikipedia.org/wiki/%EC%98%AC%EB%A6%
BC%ED%94%BD_%EB%A9%94%EB%8B%AC_%EC%A7%91%EA%B3%84')
df[1]
```

그림 15-4
위키백과에서 불러온 올림픽 메달 통계

	국가 (IOC 코드)	하계 참가 횟수	동계 참가 횟수	전체 참가 횟수
0	알바니아 (ALB)	8	4	12
1	아메리칸사모아 (ASA)	8	1	9
2	안도라 (AND)	11	12	23
3	앙골라 (ANG)	9	0	9
4	앤티가 바부다 (ANT)	10	0	10
...	...	...	...	...
74	중화민국 (ROC) [ROC]	3	0	3
75	자르 (SAA) [SAA]	1	0	1
76	북예멘 (YAR) [YAR]	2	0	2

열 이름

인덱스

아까 봤던 메달 데이터가 표 형태로 더 깔끔하게 정리된 것을 볼 수 있습니다. 여기서 맨 위 가로줄을 보면 열(column) 이름이 있습니다. 또 맨 왼쪽에는 0부터 시작되는 인덱스(index) 번호가 보이네요. 인덱스는 컴퓨터가 데이터를 구분하기 위해 필요한 것이므로 우리가 볼 때는 굳이 없어도 될 것 같습니다.

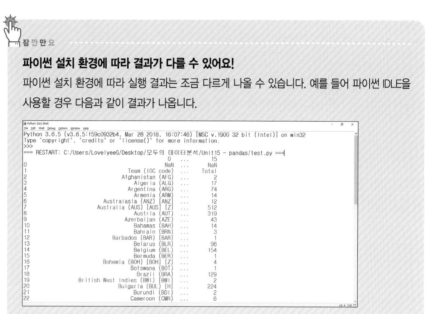

가로 줄의 맨 첫 번째 값은 하계올림픽인지 동계올림픽인지에 대한 구분을 주고, 인덱스는 나라 이름으로 바꾸겠습니다.

데이터를 다시 읽어서 맨 위의 헤더를 열 이름으로 정하고, 나라 이름을 인덱스 이름으로 정했습니다.

```python
import pandas as pd
df = pd.read_html('https://ko.wikipedia.org/wiki/%EC%98%AC%EB%A6%BC%ED%94%BD_%EB%A9%94%EB%8B%AC_%EC%A7%91%EA%B3%84', header=0,
index_col=0)
df[1]
```

국가 (IOC 코드)	하계 참가 횟수	동계 참가 횟수	전체 참가 횟수
알바니아 (ALB)	8	4	12
아메리칸사모아 (ASA)	8	1	9
안도라 (AND)	11	12	23
앙골라 (ANG)	9	0	9
앤티가 바부다 (ANT)	10	0	10
...	...	...	...
중화민국 (ROC) [ROC]	3	0	3
자르 (SAA) [SAA]	1	0	1

그림 15-5
열 이름과 인덱스 이름이
적용된 결과

> **TIP** 코드 2행에서 콤마(,)를 기준으로 줄 바꿈을 하면, 괄호를 기준으로 자동 들여쓰기가 됩니다. 들여쓰기를 잘 지켜준다면 여러 줄로 코드를 작성하는 것도 가능합니다.

이번에는 데이터 중 하계올림픽에 대한 데이터만 추출하겠습니다. df[1]이라는 데이터에서 앞의 5개의 데이터를 슬라이싱하면 됩니다.

```
summer = df[1].iloc[:,:5]
summer
```

코드 3행에서는 iloc 인덱스 방식을 사용하였습니다. iloc는 데이터의 순서에 따라 접근하는 것인데 콤마를 중심으로 앞은 행, 뒤는 열에 접근하는 것입니다. 따라서 iloc[:, :5]는 모든 행에 대해, 앞에서 5개의 열을 슬라이싱하라는 의미이고 그 결과 하계올림픽에 대한 데이터만 남게 됩니다.

국가 (IOC 코드)	하계 참가 횟수	Unnamed: 2	Unnamed: 3	Unnamed: 4	계
아프가니스탄 (AFG)	14	0	0	2	2
알제리 (ALG)	13	5	4	8	17
아르헨티나 (ARG)	24	21	25	28	74
아르메니아 (ARM)	6	2	6	6	14
오스트랄라시아 (ANZ) [ANZ]	2	3	4	5	12
...	...	...	...	...	...
독립 (IOA) [IOA]	3	1	0	1	2
독립 참가 (IOP) [IOP]	1	0	1	2	3

그림 15-6
하계올림픽 대회 결과만
추출한 모습

그런데 컬럼(열) 이름이 정확하지 않습니다. 그래서 컬럼 이름을 다음과 같이 설정하겠습니다.

```
summer.columns = ['하계참가횟수', '금', '은', '동', '계']
summer
```

	하계참가횟수	금	은	동	계
국가 (IOC 코드)					
아프가니스탄 (AFG)	14	0	0	2	2
알제리 (ALG)	13	5	4	8	17
아르헨티나 (ARG)	24	21	25	28	74
아르메니아 (ARM)	6	2	6	6	14
오스트랄라시아 (ANZ) [ANZ]	2	3	4	5	12
...	...	...	...	...	...
독립 (IOA) [IOA]	3	1	0	1	2
독립 참가 (IOP) [IOP]	1	0	1	2	3
러시아 출신 올림픽 선수 (OAR)	0	0	0	0	0
혼성 (ZZX) [ZZX]	3	8	5	4	17
총합	28	5116	5082	5490	15688

그림 15-7
컬럼 이름을 지정한 결과

이제 보기 좋은 형태로 정리가 되었네요. 웹 페이지에서 가져온 데이터 그대로 나라 이름은 알파벳순으로 정리되어 있습니다. 이 데이터를 금메달을 기준으로 정렬해볼까요?

sort_values에서 ascending 속성을 변경함으로써 정렬할 수 있습니다. 만약 오름차순으로 정렬하고 싶으면 False를 True 바꾸면 됩니다.

```
import pandas as pd
df = pd.read_html('https://ko.wikipedia.org/wiki/%EC%98%AC%EB%A
6%BC%ED%94%BD_%EB%A9%94%EB%8B%AC_%EC%A7%91%EA%B3%84', header=0,
index_col=0)
summer = df[1].iloc[:,:5]
summer.columns = ['하계참가횟수', '금', '은', '동', '계']
print(summer.sort_values('금', ascending=False))
```

이제 이 표를 엑셀 파일로 저장하겠습니다. 복잡한 과정이 필요할 것 같지만 코드 한 줄이면 충분합니다.

```
summer.to_excel('하계올림픽메달.xlsx')
```

코드를 실행시킨 후, 코드 파일이 저장되어 있는 폴더로 가봅시다. 하계올림픽메달.xlsx 파일을 열어보면 금메달 개수를 기준으로 내림차순으로 정렬된 동계올림픽 메달 표를 볼 수 있습니다.

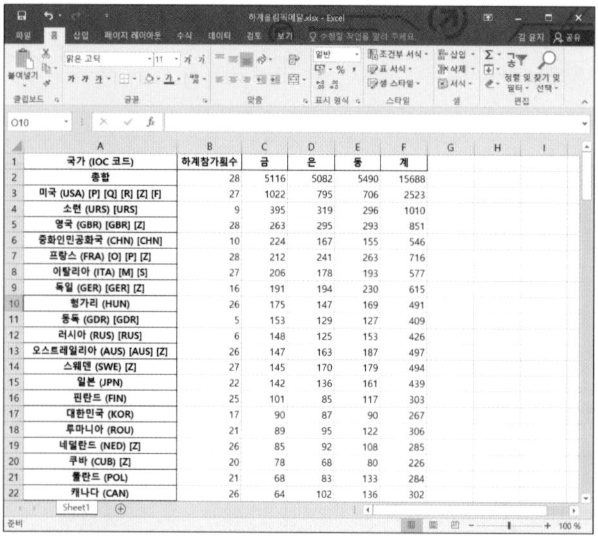

국가 (IOC 코드)	하계참가횟수	금	은	동	계
종합	28	5116	5082	5490	15688
미국 (USA) [P] [Q] [R] [Z] [F]	27	1022	795	706	2523
소련 (URS) [URS]	9	395	319	296	1010
영국 (GBR) [GBR] [Z]	28	263	295	293	851
중화인민공화국 (CHN) [CHN]	10	224	167	155	546
프랑스 (FRA) [O] [P] [Z]	28	212	241	263	716
이탈리아 (ITA) [M] [S]	27	206	178	193	577
독일 (GER) [GER] [Z]	16	191	194	230	615
헝가리 (HUN)	26	175	147	169	491
동독 (GDR) [GDR]	5	153	129	127	409
러시아 (RUS) [RUS]	6	148	125	153	426
오스트레일리아 (AUS) [AUS] [Z]	26	147	163	187	497
스웨덴 (SWE) [Z]	27	145	170	179	494
일본 (JPN)	22	142	136	161	439
핀란드 (FIN)	25	101	85	117	303
대한민국 (KOR)	17	90	87	90	267
루마니아 (ROU)	21	89	95	122	306
네덜란드 (NED) [Z]	26	85	92	108	285
쿠바 (CUB) [Z]	20	78	68	80	226
폴란드 (POL)	21	68	83	133	284
캐나다 (CAN)	26	64	102	136	302

그림 15-8
하계올림픽 메달 엑셀 파일이 생성

이처럼 pandas 라이브러리를 활용하니 인터넷에 있는 데이터를 쉽게 가져올 수 있습니다. 그뿐만 아니라 컬럼 이름을 '하계참가횟수', '금', '은', '동', '계'로 바꾸고, 특정 열(금메달 수)을 기준으로 내림차순 정렬해서 엑셀 파일로 저장까지 했는데 코드가 6줄 밖에 되지 않습니다. import문까지 포함했는데도 말이죠. 놀랍지 않나요?

pandas 라이브러리를 활용한 예를 간단히 살펴보았으니 이제 본격적으로 pandas에 대해 알아보겠습니다.

pandas란

pandas는 panel datas(패널 자료)의 약자로 파이썬을 활용한 데이터 분석에서 가장 많이 활용되는 라이브러리입니다.

Unit 13에 배웠던 numpy를 기반으로 만들어졌으며 데이터 분석을 위한 효율적인 데이터 구조를 제공하는데요. 그중 1차원 배열 형태의 데이터 구조를 Series라고 부르고, 2차원 배열 형태의 데이터 구조를 DataFrame이라고 부릅니다.

표 15-1
1차원 배열 형태:
Series

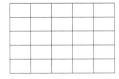

표 15-2
2차원 배열 형태:
DataFrame

이 책에서는 2차원 배열 형태인 DataFrame을 중점적으로 살펴보겠습니다. 사실 조금 전에 올림픽 표를 저장했던 df라는 변수도 DataFrame이라는 뜻으로 사용된 것이었습니다.

이 책에서는 주로 기본 파이썬 문법을 활용해서 많은 문제들을 해결했는데요. 이를 통해 데이터 구조나 데이터를 처리하는 방법에 대해서는 어느 정도 이해했을 것입니다. 이제 여기에 numpy나 pandas 같은 라이브러리를 활용하면 보다 효율적이고 전문적인 데이터 분석을 할 수 있습니다. 이미 만들어진 함수를 활용하기 때문에 코드도 간결해지고요.

3 데이터 프레임 기초

pandas의 가장 기본적인 구조인 DataFrame에 대해 간략히 알아보겠습니다. 2차원 배열 형태의 데이터 프레임은 행과 열이 있고, 행을 구분해주는 인덱스(index)와 열을 구분해주는 컬럼(column)이 있습니다. 그래서 별도로 지정해주지 않으면 인덱스는 리스트처럼 정수로 설정이 되고 한 번 설정된 인덱스는 변경되지 않습니다.

다음과 같이 날짜 형태로 된 8개의 인덱스를 간단히 만들겠습니다.

```python
import pandas as pd
index = pd.date_range('1/1/2000', periods=8)
print(index)
```

```
DatetimeIndex(['2000-01-01', '2000-01-02', '2000-01-03', '2000-01-04',
               '2000-01-05', '2000-01-06', '2000-01-07', '2000-01-08'],
              dtype='datetime64[ns]', freq='D')
```

numpy 라이브러리를 활용해서 8행 3열로 구성된 랜덤 데이터를 생성한 후, 인덱스와 컬럼 이름을 정하여 데이터 프레임으로 만들었습니다.

```python
import numpy as np
df = pd.DataFrame(np.random.rand(8,3), index=index,
columns=list('ABC'))
df
```

	A	B	C
2000-01-01	0.621118	0.690098	0.178600
2000-01-02	0.941765	0.118917	0.069378
2000-01-03	0.673774	0.484833	0.740537
2000-01-04	0.661565	0.042457	0.106710
2000-01-05	0.575846	0.108173	0.349330
2000-01-06	0.193794	0.417941	0.447002
2000-01-07	0.297766	0.860020	0.865731
2000-01-08	0.100143	0.283877	0.846394

그림 15-9
8행 3열짜리 랜덤
데이터 프레임 생성

TIP
rand() 함수를 사용해서 만든 랜덤 데이터이므로 결과는 책과
다를 것입니다.

데이터 프레임 df의 각 열에 접근하려면 열의 이름을 대괄호 안에 넣으면 됩니다. 이때 인덱스는 선택하지 않아도 함께 출력됩니다.

데이터 프레임에서 특정 행이나 열을 선택하면 인덱스와 1차원 배열 형태의 데이터로 이루어진 시리즈(Series)라는 데이터 구조 형태로 표현됩니다. 다음 코드를 살펴보면 B라는 이름의 특정 열을 선택하였더니 날짜로 이루어진 인덱스와 1차원 배열 형태(시리즈 형태)로 값이 출력되는 것을 확인할 수 있습니다.

TIP
시리즈나 데이터 프레임에 대해 더 알고 싶을 경우 pandas 관련 도서를 참고하세요.

```
import pandas as pd
import numpy as np
index = pd.date_range('1/1/2000', periods=8)
df = pd.DataFrame(np.random.rand(8,3), index=index, columns=
list('ABC'))
print(df['B'])
```

**실행
결과**

```
2000-01-01    0.690098
2000-01-02    0.118917
2000-01-03    0.484833
```

```
2000-01-04    0.042457
2000-01-05    0.108173
2000-01-06    0.417941
2000-01-07    0.860020
2000-01-08    0.283877
Freq: D, Name: B, dtype: float64
```

그리고 numpy에서 잠시 봤던 마스크 기능을 데이터 프레임에서도 사용할 수 있습니다. 마스크는 특정한 조건을 만족하는지에 따라 참(True)과 거짓(False)를 반환하여, 우리가 원하는 데이터를 골라내는 데 유용합니다. 예를 들어, B 열의 데이터가 0.4보다 큰 지 확인하는 조건을 두어 참과 거짓을 반환할 수 있습니다.

```
import pandas as pd
import numpy as np
index = pd.date_range('1/1/2000', periods=8)
df = pd.DataFrame(np.random.rand(8,3), index=index,
columns=list('ABC'))
print(df['B'] > 0.4)
```

실행 결과

```
2000-01-01    True
2000-01-02    False
2000-01-03    True
2000-01-04    False
2000-01-05    False
2000-01-06    True
2000-01-07    True
2000-01-08    False
Freq: D, Name: B, dtype: bool
```

이제 이것을 데이터 프레임에 적용시켜서 다시 저장해볼까요?

B열의 값이 0.4보다 큰 값이라는 조건이 True인 데이터들로만 이루어진 데이터 프레임을 만들겠습니다.

```
df2 = df[df['B'] > 0.4]
df2
```

그림 15-10

마스크(B열이 0.4보다 큰)를 적용시킨 데이터 프레임 출력 결과

	A	B	C
2000-01-01	0.621118	0.690098	0.178600
2000-01-03	0.673774	0.484833	0.740537
2000-01-06	0.193794	0.417941	0.447002
2000-01-07	0.297766	0.860020	0.865731

만약 행과 열의 데이터를 뒤집으려면 어떻게 해야 할까요? 아주 간단하게 데이터 프레임에 .T만 붙여주면 행과 열을 바꿀 수 있습니다.

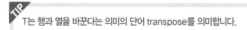

TIP T는 행과 열을 바꾼다는 의미의 단어 transpose를 의미합니다.

그림 15-11

행과 열을 바꾼 데이터 프레임

	2000-01-01 00:00:00	2000-01-03 00:00:00	2000-01-06 00:00:00	2000-01-07 00:00:00
A	0.621118	0.673774	0.193794	0.297766
B	0.690098	0.484833	0.417941	0.860020
C	0.178600	0.740537	0.447002	0.865731

이번에는 2차원 배열 형태의 데이터 프레임 연산에 대해 살펴보겠습니다. 2차원 데이터는 행을 기준으로 계산할 수도 있고, 열(column)을 기준으로 계산할 수도 있습니다. 또 행과 열에 대한 연산을 동시에 할 때, 행 우선 계산과 열 우선 계산을 구분하여 생각해 볼 수 있습니다.

데이터 프레임의 행 우선 계산과 열 우선 계산

2차원 데이터일 경우 pandas에서는 기본적으로 행 방향을 축으로 계산합니다. 하지만 경우에 따라 열 방향을 축으로 계산하기도 합니다. 이때 열 방향을 축으로 계산하려면 axis를 1로 설정하면 됩니다(axis = 0은 행 방향을 나타내며 0이 기본 값입니다).

일반적으로 행렬이라는 단어를 자주 사용하므로 axis가 0이면 행 방향, axis가 1이면 열 방향을 축으로 삼아 계산한다고 기억하면 좋습니다.

예를 들어 설명하겠습니다. 다음과 같은 df라는 데이터 프레임이 있습니다. 여기에서 A, B, C, D 열의 값을 합하여 E라는 열을 만들어보겠습니다.

열 방향 축 →

	A	B	C	D
1	0	1	2	3
2	4	5	6	7
3	8	9	10	11

이때 열 방향을 축으로 값을 더해야하기 때문에 axis를 1로 설정해야 합니다. 그래서 df['E'] = np.sum(df, axis=1)라는 코드를 실행하면 다음과 같이 E열이 추가됩니다.

	A	B	C	D	E
1	0	1	2	3	6
2	4	5	6	7	22
3	8	9	10	11	38

사실 이것은 numpy의 기능인데 pandas에서도 동일하게 적용됩니다.

먼저 행 방향 축을 기준으로 한 연산에 대해 알아보겠습니다.

전체 행에 대해서 A열의 값을 B열의 값으로 나눈 후, 그 결과를 새로 만든 D열에 저장한다면, 다음과 같이 간단하게 코드를 작성할 수 있습니다.

```
import pandas as pd
import numpy as np
index = pd.date_range('1/1/2000', periods=8)
```

```
df = pd.DataFrame(np.random.rand(8,3), index=index,
columns=list('ABC'))
df['D'] = df['A'] / df['B']   # A열의 값을 B열의 값으로 나눈 값을 D열에 저장
df
```

	A	B	C	D
2000-01-01	0.621118	0.690098	0.178600	0.900044
2000-01-02	0.941765	0.118917	0.069378	7.919549
2000-01-03	0.673774	0.484833	0.740537	1.389702
2000-01-04	0.661565	0.042457	0.106710	15.581874
2000-01-05	0.575846	0.108173	0.349330	5.323379
2000-01-06	0.193794	0.417941	0.447002	0.463689
2000-01-07	0.297766	0.860020	0.865731	0.346232
2000-01-08	0.100143	0.283877	0.846394	0.352770

그림 15-12
행 방향 축 연산 결과

간단하죠? 다음은 열 방향 축을 기준으로 계산하는 예를 살펴보겠습니다.

다음 코드는 df 데이터 프레임에서 행 우선으로 합을 구하고, 그 결과를 E라는 열을 생성해서 저장하는 코드입니다. head( ) 함수는 많은 데이터 중 처음 5개의 데이터만 확인하고 싶을 때 사용하는 함수로, 많은 양의 데이터의 형태를 확인할 때 유용합니다.

```
import pandas as pd
import numpy as np

index = pd.date_range('1/1/2000', periods=8)
df = pd.DataFrame(np.random.rand(8,3), index=index,
columns=list('ABC'))
df['D'] = df['A'] / df['B']
df['E'] = np.sum(df, axis=1)   # 행 우선 계산 값을 E열에 저장
df.head()
```

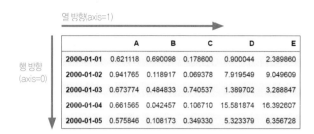

열 방향(axis=1)

	A	B	C	D	E
2000-01-01	0.621118	0.690098	0.178600	0.900044	2.389860
2000-01-02	0.941765	0.118917	0.069378	7.919549	9.049609
2000-01-03	0.673774	0.484833	0.740537	1.389702	3.288847
2000-01-04	0.661565	0.042457	0.106710	15.581874	16.392607
2000-01-05	0.575846	0.108173	0.349330	5.323379	6.356728

행 방향
(axis=0)

그림 15-13
행 우선 연산 결과를
E열에 나타낸 결과

다음은 전체 데이터에 대해서 열 우선 계산을 하는 방법입니다.

아까는 1개의 열을 1개의 열로 나누는 계산이었기 때문에 산술 연산자를 사용할 수 있었지만 여러 개의 열에 대한 계산을 하려면 pandas 라이브러리를 사용해야 합니다.

예를 들어 전체 데이터를 A열의 값으로 뺄 때는 sub( ) 함수를 사용합니다.

```python
import pandas as pd
import numpy as np

index = pd.date_range('1/1/2000', periods=8)
df = pd.DataFrame(np.random.rand(8,3), index=index,
columns=list('ABC'))
df['D'] = df['A'] / df['B']
df['E'] = np.sum(df, axis=1)
df = df.sub(df['A'], axis=0)    # A열의 데이터를 기준으로 열 우선 계산
df.head()
```

	A	B	C	D	E
2000-01-01	0.0	0.068980	-0.442518	0.278925	1.768741
2000-01-02	0.0	-0.822848	-0.872387	6.977750	8.107810
2000-01-03	0.0	-0.188941	0.066763	0.715929	2.615073
2000-01-04	0.0	-0.619108	-0.554855	14.920436	15.731168
2000-01-05	0.0	-0.467673	-0.226516	4.747534	5.780883

그림 15-14
A 열을 기준으로 열
우선 계산(뺄셈)을 한
결과

A열 값을 기준으로 전체 데이터에 대한 뺄셈이 이루어졌기 때문에 A열 값은 모두 0이 되며, B열 값도 기존의 값에서 A열 값만큼 뺀 값이 저장된 것을 확인할 수 있습니다.

데이터 전체를 C열 값으로 나눌 때는 div() 함수를 사용합니다. 그리고 데이터 프레임을 CSV 파일로도 쉽게 저장할 수도 있습니다.

```python
import pandas as pd
import numpy as np

index = pd.date_range('1/1/2000', periods=8)
df = pd.DataFrame(np.random.rand(8,3), index=index,
columns=list('ABC'))
df['D'] = df['A'] / df['B']
df['E'] = np.sum(df, axis=1)
df = df.sub(df['A'], axis=0)
df = df.div(df['C'], axis=0)      # C열 데이터를 기준으로 열 우선 계산
df.to_csv('test.csv')            # 데이터 프레임을 test.csv 파일로 저장
df.head()
```

	A	B	C	D	E
2000-01-01	-0.0	-0.155881	1.0	-0.630314	-3.996993
2000-01-02	-0.0	0.943214	1.0	-7.998457	-9.293823
2000-01-03	0.0	-2.830026	1.0	10.723444	39.169499
2000-01-04	-0.0	1.115801	1.0	-26.890693	-28.351853
2000-01-05	-0.0	2.064636	1.0	-20.958935	-25.520860

그림 15-15
데이터 전체를 C열 값으로 나눈 결과

코드가 저장된 폴더에 가면 test.csv 파일이 생겼을 것입니다. 클릭해서 열어보세요.

그림 15-16

데이터 프레임을 CSV 파일로 저장할 수 있음

4 pandas로 인구 구조 분석하기

지금까지 pandas 라이브러리 사용법을 살펴보았습니다. 이제 Unit 14에서 파이썬 기본 문법과 numpy 라이브러리를 활용해서 만들었던 데이터 프로젝트를 pandas 라이브러리로 구현해 보겠습니다. 알고리즘은 Unit 14에서 작성했던 것을 그대로 가져왔습니다.

1 데이터를 읽어온다.

  ❶ 전체 데이터를 총 인구수로 나누어 비율로 변환한다.

  ❷ 총인구수와 연령구간인구수를 삭제한다.

2 궁금한 지역의 이름을 입력받는다.

3 궁금한 지역의 인구 구조를 저장한다.

4 궁금한 지역의 인구 구조와 가장 비슷한 인구 구조를 가진 지역을 찾는다.

  ❶ 전국의 모든 지역 중 한 곳(B)을 선택한다.

  ❷ 궁금한 지역 A의 0세 인구 비율에서 B의 0세 인구 비율을 뺀다.

  ❸ ❷를 100세 이상 인구수에 해당하는 값까지 반복한 후 차이의 제곱을 모두 더한다.

  ❹ 전국의 모든 지역에 대해 반복하며 그 차이가 가장 작은 지역을 찾는다.

5 가장 비슷한 곳의 인구 구조와 궁금한 지역의 인구 구조를 시각화한다.

■ 1 | 데이터 읽어오기

먼저 데이터를 읽어옵니다. 지금까지는 csv 라이브러리를 사용했지만 pandas에서는 read_csv( ) 함수를 활용하면 됩니다. 지금까지의 방법과 다른 점은 인코딩 방식을 작성한다는 것인데요. 윈도에서 만든 csv 파일일 경우 encoding에 cp949라고 작성합니다. Unit 14에서 사용했던 age.csv 파일이 있는 폴더에 다음 코드를 저장하여 실행합니다.

```python
import pandas as pd
df = pd.read_csv('age.csv', encoding='cp949', index_col=0)
df.head()
```

행정구역	총인구수	연령구간인구수	0세	1세	2세	3세	4세	5세	6세	7세	...	91세	92세	93세	94세	95세	96세	97세	98세	99세	100세 이상
서울특별시 (1100000000)	9857426	9857426	61253	70532	74322	72482	71688	78941	75386	75929	...	5892	4695	3589	3501	2569	1851	1436	1010	736	5519
서울특별시 종로구 (1111000000)	154770	154770	652	794	911	895	859	1046	909	1012	...	149	115	95	79	81	60	46	37	26	226
서울특별시 종로구 청운효자동 (1111051500)	13272	13272	81	82	90	105	97	116	117	116	...	12	14	7	7	8	3	5	1	1	17
서울특별시 종로구 사직동 (1111053000)	9441	9441	43	63	75	68	76	81	74	83	...	11	13	7	5	7	3	6	4	4	17
서울특별시 종로구 삼청동 (1111054000)	2907	2907	12	4	22	13	12	13	20	11	...	5	2	3	3	2	2	0	2	1	7

5 rows × 103 columns

그림 15-17
age.csv를 읽어온 결과

그리고 연령별 인구 숫자를 비율로 바꿔주고 총인구수와 연령구간인구수 데이터를 삭제합니다. 특정 열을 삭제를 할 때는 다음과 같이 del 명령을 사용하면 됩니다.

```
import pandas as pd
df = pd.read_csv('age.csv', encoding='cp949', index_col=0)
df = df.div(df['총인구수'], axis=0)  #1| ❶ 전체 데이터를 총인구수로 나눠서 비율로 변환
del df['총인구수'], df['연령구간인구수']   #1| ❷ 총인구수, 연령구간인구수 열 삭제
```

TIP

만약 오류가 나왔다면 코드의 열 이름과 age.csv 파일의 열 이름이 같은지 확인하세요. 예를 들어 age.csv 파일의 열
이름이 '총인구수'가 아니라 '2019년01월_계_총인구수'라면 코드를 변경하거나, csv 파일 내 열 이름을 변경해야 합니다.

■ 2~3 │ 궁금한 지역 이름 입력받고 해당 지역의 인구 구조 저장하기

input() 함수로 알고자 하는 지역의 이름을 입력받고 해당 지역의 인구 구조를
저장합니다. df.index.str.contains() 함수는 데이터 프레임의 인덱스 문자열
에 원하는 문자열이 포함된 행을 찾아냅니다.

```
name = input('원하는 지역의 이름을 입력해주세요 : ')  #2| 지역 이름 입력
a = df.index.str.contains(name)  #3| 해당 행을 찾아서 해당 지역의 인구 구조를 저장
df2 = df[a]
df2
```

그림 15-18
신도림동의 인구 구조를
출력한 결과

행정구역	0세	1세	2세	3세	4세	5세	6세	7세	8세	9세	...	91세	92세	93세	94세
서울특별시 구로구 신도림동 (1153051000)	0.010077	0.01101	0.011649	0.010983	0.011276	0.011143	0.012449	0.011036	0.011036	0.011089	...	0.000613	0.000347	0.000187	0.000267

1 rows × 101 columns

데이터를 그래프로 그리려면 행과 열을 바꾼 후 plot() 함수를 실행하면 됩니다.

```
import matplotlib.pyplot as plt
plt.rc('font', family='Malgun Gothic')
df2.T.plot()
plt.show()
```

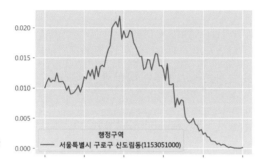

그림 15-19
신도림동의 인구 구조를
그래프로 나타낸 결과

■ **4~5 │ 궁금한 지역의 인구 구조와 가장 비슷한 인구 구조를 가진 지역 시각화하기**

이제 데이터를 처리하는 가장 중요한 부분입니다. 여기에서는 각 알고리즘 코드를 개별로 살펴본 후, 마지막에 전체 코드를 실행하여 결과를 확인하겠습니다.

먼저 궁금한 지역의 연령별 비율과 다른 지역의 연령별 비율의 차이를 계산합니다. 그리고 궁금한 지역의 연령별 비율과 다른 지역의 연령별 비율의 차이를 계산합니다.

```
import numpy as np
# 4 | ❶ 궁금한 지역 A의 인구 비율에서 B의 인구 비율을 뺀다.
x = df.sub(df2.iloc[0], axis=1)
# 4 | ❷ A의 인구 비율에서 B의 인구 비율을 뺀 값의 제곱 값을 모두 더한다.
y = np.power(x, 2)
z = y.sum(axis=1)
```

Unit 14에서는 궁금한 지역의 연령별 비율과 다른 지역의 연령별 비율의 차이를 계산하여 가장 차이가 작은 지역 한 곳을 찾았습니다. 예를 들어, '신도림동'을 입력하면 '서울특별시 구로구 구로제1동' 한 곳의 결과만 볼 수 있었습니다. 하지만 pandas의 sort_values() 정렬 함수와 슬라이싱을 이용하면 상위 몇 개 지역까지 쉽게 찾을 수 있습니다.

```
i = z.sort_values().index[:5]    # 4 | ❸ 그 차이가 가장 작은 지역 5곳을 찾는다.
```

이제 결과를 꺾은선 그래프로 그려주면 이렇게 표현됩니다.

```
df.loc[i].T.plot()      # 4 | ❹ 결과를 꺾은선 그래프로 보여준다.
plt.show()
```

지금까지 내용을 정리하면 다음과 같습니다.

```
# 4 | ❶ 궁금한 지역 A의 인구 비율에서 B의 인구 비율을 뺀다.
x = df.sub(df2.iloc[0], axis=1)
# 4 | ❷. A의 인구 비율에서 B의 인구 비율을 뺀 값의 제곱값을 모두 더한다.
y = np.power(x, 2)
z = y.sum(axis=1)
i = z.sort_values().index[:5]     # 4 | ❸ 그 차이가 가장 작은 지역 5곳을 찾는다.
df.loc[i].T.plot()                # 4 | ❹ 결과를 꺾은선 그래프로 보여준다.
```

이처럼 4 | 과정에 해당하는 코드를 이해하기 쉽게 다섯 줄로 작성하였지만, 다음과 같이 한 줄로 줄일 수도 있습니다.

```
# 4 | 궁금한 지역의 인구 구조와 가장 비슷한 인구 구조를 가진 지역 찾기
df.loc[np.power(df.sub(df2.iloc[0], axis=1), 2).sum(axis=1).sort_
values().index[:5]].T.plot()
```

그리고 이를 전체 코드로 나타내면 다음과 같습니다.

우리 동네와 인구 구조와 비슷한 지역들을 그래프로 나타내기(pandas 사용)

```
import pandas as pd
import numpy as np
import matplotlib.pyplot as plt


plt.rc('font', family='Malgun Gothic')
df = pd.read_csv('age.csv', encoding='cp949', index_col=0)
df = df.div(df['총인구수'], axis=0)
del df['총인구수'], df['연령구간인구수']


name = input('원하는 지역의 이름을 입력해주세요 : ')
a = df.index.str.contains(name)
df2 = df[a]


df.loc[np.power(df.sub(df2.iloc[0], axis=1), 2).sum(axis=1).sort_
values().index[:5]].T.plot()


plt.show()
```

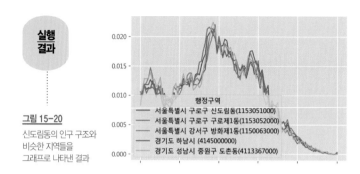

그림 15-20
신도림동의 인구 구조와
비슷한 지역들을
그래프로 나타낸 결과

결국 이 프로젝트를 pandas로 작성한 코드는 import 구문 세 줄을 포함해서 12
줄 밖에 되지 않습니다. 물론 pandas를 더 깊이 이해하려면 많은 노력이 필요합
니다. 하지만 이 책에서는 이렇게 간단하게 데이터를 분석할 수 있다는 점을 보
여주고 싶었습니다. 이를 계기로 pandas에 매력을 느꼈거나 더 배워야겠다는 생
각이 들었다면《모두의 데이터 과학 with 파이썬(길벗, 2017)》과 같이 전문적인 책
을 통해 더 깊이 있는 내용을 배울 것을 권장합니다.

파이썬 병아리반

DATA ANALYSIS FOR EVERYONE

부록에서는 파이썬 기초를 빠르게 훑어 보고 지나가겠습니다. 따라서 개념 부분에 대한 설명은 자세하게 하지 않고, 코드를 중심으로 설명합니다. 이 책에서 다루는 기초 문법(입력, 출력, 연산자, for 반복문, if 조건문, 리스트 등)을 가볍게 복습하는 차원에서 또는 파이썬을 처음 배우는 사람들이 맛보기로 읽어도 좋습니다.

만약 다음 코드가 어렵지 않은 사람은 부록을 따로 읽지 않아도 괜찮습니다.

```python
names = ['쵸파', '루피', '상디', '조로']
names.append('해적왕')
for name in names :
    if len(name) > 2 :
        print(name, '왔나요~?')
```

1 출력과 입력 그리고 변수

지금부터 이 책에서 다뤄지는 파이썬의 가장 기초적인 내용을 살펴보려고 합니다. 먼저 여러분이 파이썬을 설치했다고 가정하고 진행하겠습니다.

■ print() 함수로 출력하기

여러분은 아마 print라는 단어가 친숙할 겁니다. 흔히 '프린트 했어?' 이런 표현들을 일상 생활에서도 많이 사용하는데요.

파이썬에서 print라는 이름의 함수는 괄호 안의 어떤 값을 모니터에 출력할 때 사용합니다. 백문이 불여일타(百聞而 不如一打)라고 했으니 먼저 코드를 작성해 보겠습니다. 자, print는 괄호 안의 어떤 값을 모니터에 출력해줄 때 사용한다고 했는데요, 파이썬을 처음 배우더라도 이 코드가 무엇을 의미하는지 짐작해 보세요.

```
print(34759**24341)
```

어떤 코드처럼 보이나요?

음..곱하기가 두 개니까.. 혹시 제곱하는 코드인가요?

네, 맞습니다. 이 코드를 실행하면 무려 110,535 자리의 큰 수가 출력됩니다.

그러면 print( ) 함수는 숫자만 출력할 수 있나요?

아닙니다. 코드를 조금 수정해서 다음과 같이 작성하면 텍스트도 출력할 수 있습니다. 보통 프로그램에서 텍스트를 '문자열'이라고 표현하는 경우가 많고, 영어로는 'string'이라고 표현한다는 점을 알아두기 바랍니다.

```
print('hello world')
```

실행 결과

```
hello world
```

그러면 괄호 안의 작은따옴표(' ') 안에 원하는 텍스트를 넣으면 그 텍스트가 출력되는 건가요?

네, 맞습니다. 작은 따옴표 안에 값을 바꿔서 원하는 텍스트를 출력하세요.

■ 변수

변하는 값, 즉 변수에 대해 알아보겠습니다. 여러분도 웹 사이트에 로그인했을 때 이런 글귀를 본 적이 있을 겁니다.

> 파이쏭님! 안녕하세요!

그런데 이 글귀에서 어떤 부분은 사람에 따라 바뀌고, 어떤 부분은 사람에 관계없이 바뀌지 않는다는 것을 쉽게 알 수 있습니다. 어디가 바뀌는 부분인가요?

'파이쏭'이라는 닉네임 부분이 바뀌겠네요.

네, 맞습니다. 컴퓨터에서는 데이터를 저장하기 위해 공간이 필요합니다. 닉네임 부분처럼 하나의 값으로 고정되어 있지 않고 변하는 값을 저장할 수 있는 공간을 '변수(變數, variable)'라고 합니다.
변수는 다음과 같이 사용할 수 있습니다.

```
name = '파이쏭'
print(name)
```

예상하는 것처럼 '파이쏭'이라는 값에 원하는 값을 넣으면 다양한 값이 출력되는 것을 볼 수 있으니 값을 다양하게 바꿔보세요.

'name = '파이쏭'' 코드에서 name이 바로 변수이고 = 기호는 오른쪽의 값을 왼쪽에 대입(또는 배정)하는 역할을 합니다. 값을 대입한다고 해서 대입 연산이라고도 불러요. 수학에서는 같다는 의미로 사용해서 조금 헷갈릴 수도 있지만, 자주 볼 테니 곧 익숙해질 겁니다.

그러면 변수의 이름은 반드시 name이라고 써야 하나요? 다른 이름으로 할 수도 있나요?

좋은 질문입니다. '변수의 이름은 숫자로 시작하면 안 된다' 같은 몇 가지 제한적인 규칙을 제외하면 여러분이 원하는 대로 써도 됩니다. 그리고 = 기호 오른쪽에 있는 값은 문자열이어도 되고, 숫자도 상관없습니다. 단, 변수가 어떤 값을 저장하는지를 잘 나타낼 수 있는 이름을 정하는 것이 바람직하다는 점은 꼭 기억하세요!

```
a = 1024    # 변수의 이름은 여러분이 지정하면 됩니다.
print(a)
```

이제부터는 어떤 궁금증이 생겼을 때는 직접 테스트해 볼 수 있는 코드를 작성하거나 검색을 하면서 스스로 해결하면 성취감도 높아지고, 실력도 많이 늘 겁니다. 변수는 다음과 같이 사용할 수 있습니다.

```
# name 변수의 값을 '파이쏭' 대신 다른 값으로 바꿔보세요!
name = '파이쏭'
print(name+'님! 안녕하세요!')
```

실행 결과

파이쏭님 안녕하세요!

여기에서 두 가지 사실을 알 수 있는데요. + 기호가 문자열과 문자열 사이에 있을 때는 두 문자열을 연결하는 접착제 같은 역할을 한다는 사실과, #으로 시작하는 문장은 코드의 실행 결과에 영향을 주지 않는다는 사실입니다. 이렇게 #으로 시작하는 문장을 주석(comment)이라고 합니다. 코드에 대한 설명 글을 적을 때 주로 주석을 사용합니다.

```
name = '원더키디'    # 주석은 코드 오른쪽에 쓸 수도 있습니다.
print(2020, name, '화이팅!!')
```

실행 결과

```
2020 원더키디 화이팅!!
```

파이썬 병아리반에서는 변수에 대해 이 정도만 이해해도 될 것 같습니다. 그러면 조금 더 재미있는 입력하는 방법을 배워보겠습니다.

■ input() 함수로 문자열 값 입력받기

다음 코드를 실행해보세요.

```
name = input()
print(name+'님! 안녕하세요!')
```

실행했는데 아무런 일이 일어나지 않아서 당황했나요? 여러분의 이름을 키보드로 입력하세요.

➡ 파이쏭 또는 여러분의 이름을 입력하세요!

파이쏭님! 안녕하세요!

앞에서 print( ) 함수는 괄호 안의 값을 모니터에 출력해주는 역할을 하는 함수
라고 했었죠?

함수(函數, function)는 함(函, 상자 함)의 뜻처럼 상자 안에 값을 넣으면 어떤 기
능을 수행합니다. 파이썬에서는 함수 이름 뒤에 소괄호가 열리고 닫히는 형태로
표현됩니다. 그리고 input이라는 함수는 키보드로 문자열 값을 입력받는 기능을
하는 함수입니다.

그런데 어떤 값을 입력하라는 안내가 없어서 조금 불친절한 것 같습니다. 그래서
코드를 조금 더 수정하겠습니다.

```
name = input('이름을 입력해주세요 : ')
print(name+'님! 안녕하세요!')
```

이름을 입력해주세요 : 파이쏭 ➡ 파이쏭 또는 여러분의 이름을 입력해 보세요!

파이쏭님! 안녕하세요!

이렇게 input( ) 함수의 괄호 안에 원하는 안내 메시지를 추가할 수도 있습니다.
여기까지 잘 이해가 되나요?

😶 네. 그런데 왜 '문자열 값'을 입력받는다고 설명했나요? 숫자는 안 되나요?

예리한 질문입니다. 다음 코드를 실행하세요.

```
age = input('나이를 입력해주세요! : ')
print(age-4)
```

나이를 입력해주세요! [25] ➡ 25 또는 여러분의 나이를 숫자로 입력하세요!

TypeError   Traceback (most recent call last)
⟨ipython-input-19-3dcec6c3c897⟩ in ⟨module⟩()
      1 age = input('나이를 입력해주세요! : ')
——⟩ 2print(age -4)

TypeError: unsupported operand type(s) for -: 'str' and 'int'

에러가 나왔네요! 처음에는 당황스러울 수 있지만, 사실 프로그래밍을 처음 배울 때 에러가 한 번도 나지 않는 사람은 없습니다. 병아리반처럼 아직 파이썬이 익숙하지 않은 사람들에게는 에러를 고치는 과정에서 배우는 것이 아주 중요합니다. 맨 밑의 에러 메시지를 볼까요?

```
TypeError: unsupported operand type(s) for -: 'str' and 'int'
```

참고로 str은 string, 즉 문자열의 약자이고, int는 integer, 즉 정수(整數)의 약자입니다. 즉, 이 메시지는 우리가 문자열 타입의 값에서 정수 타입의 값을 빼려고 해서 에러가 발생했다는 사실을 알려주고 있습니다. 다시 말해 25라는 숫자처럼 보이는 값을 입력했지만, 사실 input() 함수로 입력받은 값은 문자열 타입으로 저장되었다는 것을 알 수 있습니다.

그러면 str과 int 중 어떤 값을 어떤 타입으로 바꿔줘야 할까요?

age에서 4를 빼려는 의도였으니, 문자열 타입인 age를 정수 타입으로 바꿔야 해요.

네, 맞습니다. 다음과 같이 int() 함수를 사용해서 정수 타입으로 바꾸면 에러를 고칠 수 있습니다.

```
age = input('나이를 입력해주세요! : ')
print(int(age) - 4)
```

실행 결과

나이를 입력해주세요! : 25 ➡ 25 또는 여러분의 나이를 숫자로 입력해 보세요!

21

출력, 입력, 변수에 대한 내용은 다음 코드로 정리하며 마치겠습니다. int() 함수의 위치를 잘 살펴보고, str() 함수의 역할이 무엇일지 스스로 생각해보세요!

```
name = input('이름을 입력해주세요 : ')
age = int(input('나이를 입력해주세요 : '))
print('안녕하세요!', name+'님! 저는 처음에 '+str(age - 4)+'살인 줄
알았어요!!')
```

2 연산자 사용하기

연산자(演算子, operator)라는 말을 처음 들으면 무척 낯설게 느껴질 텐데요. 사실 우리는 연산자를 본 적이 있습니다. 그것도 4개나 말이죠. +, −, **, 그리고 오른쪽 값을 왼쪽 변수에 대입하는 역할을 했던 =도 연산자입니다. 코드를 차근차근 따라해보며 값을 이리저리 바꾸다 보면 금세 익숙해질 겁니다.

■ 산술 연산자(arithmetic operator)

첫 번째 만날 연산자는 산술(算術, arithmetic) 연산자입니다. 쉽게 말해서 숫자 계산을 위한 기호라고 생각하면 됩니다. 그리고 딱 이만큼만 알면 됩니다. 값을 이렇게 저렇게 바꿔보고, 여기에 없지만 앞에서 봤던 +, − 기호를 활용해서 계산을 해보기 바랍니다.

```python
# 다양한 값을 넣어보며 연습해보세요.
print(3 * 10)     # * : 곱셈 연산자
print(3 ** 10)    # ** : 거듭 제곱 연산자
print(3 % 10)     # % : 나머지 연산자
print(3 / 2)      # / : 실수 나눗셈
print(3 // 2)     # // : 정수 나눗셈
```

실행 결과

```
30
59049
3
1.5
1
```

모든 연산자를 외울 필요는 없습니다. 필요한 상황에서 적절히 골라 사용할 수 있도록 어떤 연산자가 있는지만 알면 됩니다. 더 이상의 설명은 생략하겠습니다.

■ 비교 연산자(comparison operator)

두 번째 만날 연산자는 비교 연산자입니다. 이것도 코드를 보면 직관적으로 쉽게 이해가 갈 겁니다. 그리고 비교 연산자를 활용한 식이 참이면 True, 거짓이면 False라는 값을 갖는다는 것을 기억하세요.

```python
# 다양한 값을 넣어보며 연습해보세요.
print(10 >= 3)
print(10 <= 3)
print(10 == 3)    # == : 같다
print(10 != 3)    # != : 같지 않다
print(3 % 2 == 1)
```

실행 결과

```
True
False
False
True
True
```

여기에서는 마지막 명령만 살펴보겠습니다. 먼저 3 % 2는 결과가 무엇일까요?

3을 2로 나눈 나머지니까 1이에요!

네, 맞습니다. 그러면 3 % 2는 1과 같나요?

네. 그래서 3 % 2 == 1이 참이니까 결과가 True라고 나온 것이군요?

네, 정확합니다. 그러면 여기에서 순서가 중요할까요? 예를 들면, =>, =! 이렇게 써도 될까요?

또 = = 이렇게 띄어쓰기를 해도 문제없이 잘 실행될까요?

음... 잘 모르겠어요!

여러분이 직접 코드로 작성해보세요. 결과를 쉽게 알 수 있을 겁니다.

■ 논리 연산자(logical operator)

어렵게 느껴지던 연산자도 벌써 마지막 논리 연산자만을 남겨두고 있습니다. 논리 연산자는 앞에서 보았던 참과 거짓. 즉, True와 False와 관련된 연산입니다. 여기에서 다루지 않는 논리 연산자도 있지만, 병아리반에서는 다음의 and, or, not 3가지 연산자만 알면 충분합니다.

먼저 논리곱은 A and B와 같은 형태로 표현합니다. 다음 표에서 보는 것처럼 A와 B 중 하나라도 False일 경우에 결과는 False이고 둘 다 True일 때만 결과가 True가 됩니다.

논리식 (A and B)	결과
True and True	True
True and False	False
False and True	False
False and False	False

표 부록-1
논리곱 진리표

```
# 다양한 값을 넣어보며 연습해보세요.

print(1 == 1 and 2 != 1)          # True and True
print(10 % 2 != 0 and 1 + 1 > 0)  # False and True
```

실행
결과

```
True
False
```

논리합은 A or B와 같은 형태로 표현합니다. 표 부록-2에서 보는 것처럼 A와 B 가 모두 False일 경우에만 결과가 False이고, 나머지 경우 True입니다. 즉, A와 B 중 둘 중 하나라도 True이면 결과는 True가 됩니다.

논리식 (A or B)	결과
True or True	True
True or False	True
False or True	True
False or False	False

표 부록-2
논리합 진리표

```
# 다양한 값을 넣어보며 연습해보세요.

print(10 < 5 or 10 == 5)        # False or False
print(10 % 2 != 0 or 1 + 1 > 0) # False or True
```

False

True

논리 부정은 not A와 같은 형태로 표현합니다. 다음 표에서 보는 것처럼 A가 False일 때 결과는 True, True일 때는 False가 됩니다.

논리식 (not A)	결과
not True	False
not False	True

표 부록-3
논리 부정 진리표

```
# 다양한 값을 넣어보며 연습해보세요.
print(not 10 > 5)      # not True
print(not 10 == 5)     # not False
print(not 0)           # 0은 False에 해당
print(not 10)          # 0을 제외한 숫자도 True에 해당
```

False

True

True

False

3 함수 불러오기

지금까지 우리가 사용했던 함수에는 어떤 것들이 있었나요?

print, input, int, str이요!

지금까지 사용했던 함수들은 파이썬에서 항상 사용할 수 있도록 제공하는 내장 함수(Built-in Functions)입니다. 현재 파이썬 3.7 버전에서 제공하는 내장 함수의 종류는 다음과 같습니다. 이중 몇 가지는 앞으로 사용하겠지만, 모두 알 필요는 전혀 없습니다.

내장 함수				
abs()	delattr()	hash()	memoryview()	set()
all()	dict()	help()	min()	setattr()
any()	dir()	hex()	next()	slice()
ascii()	divmod()	id()	object()	sorted()
bin()	enumerate()	input()	oct()	staticmethod()
bool()	eval()	int()	open()	str()
breakpoint()	exec()	isinstance()	ord()	sum()
bytearray()	filter()	issubclass()	pow()	super()
bytes()	float()	iter()	print()	tuple()
callable()	format()	len()	property()	type()
chr()	frozenset()	list()	range()	vars()
classmethod()	getattr()	locals()	repr()	zip()
compile()	globals()	map()	reversed()	__import__()
complex()	hasattr()	max()	round()	

표 부록-4
파이썬 내장 함수

그런데 내장 함수 중에는 제곱근(sqare root)을 구할 수 있는 함수도 없고, 랜덤한 숫자를 만들어낼 수 있는 랜덤 함수도 없습니다. 그렇지만 이런 함수들은 별도로 불러서 사용할 수 있는데요. 내장 함수 외의 함수들을 불러올 때는 다음과 같이 import라는 명령을 사용합니다.

여기에서 import random은 random이라는 이름의 라이브러리를 불러오라는 명령이고, random.randint(1,6)은 random 라이브러리에 있는 randint라는 함수에 1과 6을 입력해서 실행하라는 의미입니다. randint( ) 함수는 입력되는 두 정수 사이의 숫자를 랜덤하게 생성하는 함수로 random.randint(a, b)는 a 이상 b 이하의 한 개의 정수를 만듭니다.

```python
# random 숫자의 범위를 바꿔보세요.
import random
dice = random.randint(1,6)
print(dice)
```

실행 결과

```
5
```

같은 방식으로 제곱근 함수를 사용하려면 math라는 수학 관련 라이브러리를 불러와서 math 라이브러리에 있는 sqrt( ) 함수를 실행시키면 됩니다.

```python
import math
print(math.sqrt(2))
```

실행 결과

```
1.4142135623730951
```

그러면 내가 원하는 기능을 하는 함수가 어떤 라이브러리에 있는지 어떻게 알 수 있을까요?

그건 인터넷에서 검색합니다. 프로그래밍을 하면서 잘 모를 때는 구글에 물어보는 것이 가장 좋아요. 그리고 다음 URL의 파이썬 공식 문서에 방문해서 찾아보는 것도 좋은 습관입니다.

- URL https://docs.python.org/ko/3/library/index.html

4 반복과 선택

이제 가장 중요한 부분입니다. 컴퓨터는 사람보다 빠르게 많은 양의 데이터를 처리할 수 있습니다. 이때 반복과 선택을 통해 정확하고 효율적인 동작이 이루어질 수 있도록 프로그래밍할 수 있습니다.

■ for 반복문

먼저 명령어를 반복하여 실행시키는 방법을 알아봅시다. 반복문을 적절히 사용하면 단 몇 줄의 코드로도 원하는 결과를 얻을 수 있습니다.

파이썬에서 **for 반복문은 주어진 데이터 세트를 순회하거나 원하는 횟수만큼** 반복하고 싶을 때 사용합니다.

for 반복문의 구조는 다음과 같습니다.

```
for A in B :            # 맨 뒤에 콜론 기호(:)를 잊지 마세요.
    반복할 문장1         # 들여쓰기(문단 구분)가 되어 있음
    (반복할 문장n)       # 보통 공백 문자([space]) 4개로 사용함
```

여기에서 B는 데이터 세트를 의미합니다. 그리고 데이터 세트에서 데이터를 하나씩 꺼내 와서 A에 임시로 저장합니다. 그리고 데이터 세트 뒤에 ':'을 쓰고 그 밑에 반복할 문장을 작성합니다. 여기에서 반복할 문장은 문단 구분 같은 것이 되어있는 것을 볼 수 있는데요. 바로 파이썬을 처음 배울 때 가장 성가신 점인 들

여쓰기(indent) 규칙입니다. 자동으로 들여쓰기가 되는 경우도 있지만 직접 들여쓰기를 해야할 경우에는 공백 문자, 즉 Space 를 4번 치면 됩니다.

이제 코드로 예를 들겠습니다. 다음 코드가 실행되면 '파이쏭'이라는 문자열을 순회하며 한 글자씩 출력합니다. 여기에서는 '파이쏭'이라는 문자열이 데이터 세트인 것이고, 이 데이터 세트에서 '파', '이', '쏭'이라는 데이터를 하나씩 순서대로 꺼내서 변수 i에 임시로 저장합니다. 즉, 첫 번째 바퀴에서 i에는 '파'가, 다음 바퀴에서는 '이'가, 세 번째 바퀴에서는 '쏭'이 저장됩니다.

그래서 i를 반복하며 출력하면 '파', '이', '쏭'이라는 글자가 하나씩 출력됩니다.

```
# name 변수의 값을 바꿔보세요.
name = '파이쏭'
for i in name :
    print(i)
```

실행 결과

```
파
이
쏭
```

설명은 어렵지만 다음 코드의 실행 결과를 예측할 수 있을 겁니다.

```
names = ['쵸파','루피','상디','조로']
for name in names :
    print(name)
```

어떤 결과가 나올까요?

쵸파, 루피, 상디, 조로라는 이름이 한 줄씩 출력될 것 같아요. names가 데이터 세트이고 여기에서 하나씩 데이터를 꺼내 와서 name이라는 변수에 저장해서 출력하기 때문이죠.

훌륭합니다. 혹시 다음 질문도 대답할 수 있으면 for 반복문에 대한 이해는 충분합니다. 다음 코드는 어떤 결과를 출력할까요?

```
# 다음 결과를 확인한 후, i ** 2 대신 다른 식을 넣어 동작을 확인하세요!

for i in [0,1,2,3] :
    print(i ** 2)
```

[0,1,2,3]이라는 데이터 세트에서 하나씩 데이터를 꺼내 와서 i라는 변수에 저장한 후 i의 제곱을 출력해서 0, 1, 4, 9가 한 줄씩 출력됩니다.

맞습니다. 만약 이것이 잘 이해가 안 가면 위의 코드에서 데이터 세트와 식을 바꿔가며 연습해 보세요. for 반복문은 아주 중요하기 때문입니다.
그런데 숫자의 범위를 0~3이 아닌 0~99까지로 늘리려면 [0, 1, 2, 3,..., 99] 이렇게 코드를 작성해야 할까요? 이렇게 비효율적인 일을 하지 말라고 프로그래밍을 하는 것이기 때문에 분명 좋은 방법이 있을 겁니다. 다음과 같이 말이죠.

```
for i in range(100) :  # range(100) : 0 이상 100 미만(0, 1, 2, ..., 98, 99)의 범위를 갖는 정수
    print(i ** 2)
```

여기에서 range(100)는 0부터 100미만의 연속된 정수를 생성합니다. 그러면 다음 코드의 print( ) 함수는 몇 번 반복이 될까요? 네, 0부터 99까지 총 100번 반복이 됩니다. for 반복문과 range( ) 함수를 사용하면 이렇게 원하는 횟수만큼 반복을 시킬 수도 있습니다.

```
for i in range(100) :    # 0부터 99까지의 정수 100개 생성. 즉, 100번 반복
    print('나는 파이썬왕이 될 사람이다!!')
```

그런데 꼭 정수를 0부터 생성해야 하나요? 예를 들어 1부터 9까지 반복하고 싶을 땐 어떻게 해요?

만약 1부터 9까지의 정수를 생성하고 싶으면 range(1, 10)이라고 코드를 작성하면 됩니다. 그리고 하나의 옵션이 더 있어서 range(2, 100, 3)라고 작성하면 2부터 100 미만의 정수가 3씩 간격(2, 5, 8, 11, ..., 95, 98)을 두고 생성됩니다. 자주 쓰이진 않지만 알아두면 요긴하게 쓸 일이 있을 겁니다.

■ if 조건문

우리는 매일 매일 수많은 선택을 하며 살아가는데요. 컴퓨터가 조건에 맞게 명령어를 선택하도록 조건문을 사용할 수 있습니다. 프로그래밍에서 선택은 반복과 함께 가장 중요한 개념입니다.

파이썬을 포함한 대부분의 프로그래밍 언어에서 if 조건문은 주어진 조건이 True(참)인 경우에만 명령을 선택적으로 실행하고 싶을 때 사용합니다.

if 조건문의 구조는 다음과 같습니다. for 반복문과 마찬가지로 콜론 기호(:)를 사용하고 조건이 참일 때 실행될 문장은 4칸 들여쓰기를 해야 합니다.

```
if 조건 :                         # 맨 뒤에 ':' 콜론을 잊지 마세요!
    조건이 참일 경우 실행할 문장1      # 들여쓰기가 되어 있음
    (조건이 참일 경우 실행할 문장1)    # 들여쓰기를 잊지 마세요!
```

코드를 보면 더 쉽게 이해할 수 있습니다. 다음 코드에서 if 뒤의 조건은 참인가요?

```
if 10 > 0 :
    print('안녕하세요?')
```

네, 10은 0보다 크다는 조건은 True(참)입니다. 그러면 그 다음 들여쓰기 된 print() 함수가 실행되는 건가요?

네, 정확합니다. 그러면 다음 코드는 어떻게 실행될까요?

```
if 10 != 0 and 5 % 2 == 1 :
    print('안녕하세요?')
```

10은 0과 같지 않다는 조건이 True고, 5를 2로 나눈 나머지가 1이라는 조건도 True니까 True and True는 True겠네요. 그러면 print() 함수가 실행됩니다.

훌륭합니다. 앞에서 우리가 논리, 비교 연산자를 배웠었는데요. 방금 본 코드에서는 != 나 ==와 같은 비교 연산, and 와 같은 논리 연산이 함께 쓰인 것을 볼 수 있습니다. 이렇게 원하는 조건식을 만들기 위해 논리, 비교, 산술 연산을 배운 것입니다.

그러면 이 코드를 읽어볼까요? 앞에서 배웠던 input() 함수, int() 함수, 변수와 함께 if문(statement)을 사용하면 이런 프로그램을 만들 수 있습니다.

```
passwd = int(input('비밀번호 4자리를 입력하세요 : '))
if passwd == 1531 :
    print('비밀번호가 일치합니다.')
```

그리고 이 코드를 앞에서 배웠던 for 반복문과 함께 사용하면 병아리반 수준의 해킹 프로그램을 만들 수 있습니다. 여기에서 for 반복문 안에 if가 들여쓰기 되었고, if 조건문 안의 print 구문이 들여쓰기 된 것을 눈여겨보기 바랍니다.

```
for i in range(10000) :
    if i == 1531 :                           # 1단계 들여쓰기
        print('비밀번호가 일치합니다.')        # 2단계 들여쓰기
```

이제 기본적인 if 조건문에서 한 걸음 더 나아가보겠습니다. 여러분은 else라는 단어가 '그 밖에'라는 뜻을 갖고 있다는 사실을 알 겁니다. 그러면 이 코드의 밑줄 친 부분에는 어떤 메시지가 들어가면 자연스러울까요?

```
passwd  = int(input('비밀번호 4자리를 입력하세요 : '))
if passwd == 1531 :
    print('비밀번호가 일치합니다.')
else :
    print('_____')
```

조건이 참이 아닌 그 밖의 경우에는 '비밀번호가 일치하지 않습니다'라는 문장이 들어가면 자연스러울 것 같습니다.

맞습니다. 그래서 if와 함께 else를 사용하면 조건이 참일 때와 거짓일 때의 명령을 각각 다르게 실행할 수 있습니다. 그리고 if와 else 사이에 else if의 약자인 elif라는 명령을 넣을 수 있는데요. 우리 책에서는 등장하지 않을 문법이지만 if, elif, else만 알고 있어도 재미있는 심리 테스트 게임을 만들 수 있습니다. 궁금한 사람은 인터넷에서 '파이썬 elif'라고 검색을 해보면 금방 이해할 수 있을 거예요!

```
print('[ 소름끼치도록 놀라운 심리테스트 ]')
menu = input('당신이 좋아하는 음식을 입력해주세요 : ')
if menu == '짜장면' :
    print('당신은 짜장면을 좋아하는 사람입니다.')
elif menu == '아이스크림' :
    print('당신은 아이스크림을 좋아하는 사람입니다.')
elif menu == '사탕' :
    print('당신은 사탕을 좋아하는 사람입니다.')
else :
    print('당신은 짜장면과 아이스크림과 사탕을 좋아하지 않는 사람입니다.')
```

5 순서 있는 저장 공간 리스트

드디어 파이썬 병아리반의 마지막 순서입니다. 우리 주변에 순서가 있는 데이터 종류로는 어떤 것들이 있을까요? 음식점에서 대기 명단에 이름을 적는 것에도 순서가 있고, 학번에도 순서가 있습니다.

파이썬에서는 **순서가 있는 데이터를 다룰 때, 리스트(List) 데이터 구조**를 사용합니다. 사실 우리는 리스트라는 것을 이미 앞에서 본 적이 있습니다. 바로 이 코드들에 있는 대괄호로 감싼 부분이 바로 리스트입니다.

```
for i in [0,1,2,3] :
    print(i ** 2)
```

```
names = ['쵸파','루피','상디','조로']
for name in names :
    print(name)
```

여기에서 알 수 있듯이 리스트는 전체 데이터를 대괄호로 감싸주고 각각의 값들은 콤마로 구분합니다.

■ 리스트에 저장된 위치(index)로 값에 접근하기(indexing)

여러분은 range( ) 함수가 0부터 n−1까지의 연속된 정수를 생성했던 것을 기억할 겁니다. 프로그래밍을 하다 보면 1부터 숫자를 세는 것이 익숙한 사람과 달리 컴퓨터는 0부터 숫자를 세는 경우를 많이 볼 수 있는데요. 그러면 이 코드의 실행 결과는 무엇일까요?

```
names = ['쵸파','루피','상디','조로']
print(names[1])
```

[1]이라는 코드가 무엇을 의미하는지는 잘 모르겠지만, 컴퓨터는 보통 0부터 센다고 했으니 맨 앞에 있는 '쵸파'가 0번일 것 같네요. 그러면 '루피'가 출력되나요?

아주 훌륭합니다. 그러면 대괄호 안의 숫자가 무엇을 의미하는지 이해했나요?

음...리스트에 저장된 데이터의 위치인 것 같아요!
정확합니다. 저장된 위치, 즉 인덱스(index)로 리스트의 값에 접근할 수 있다는 것이 리스트의 가장 큰 특징입니다. 다음 코드와 실행 결과를 보면 더 쉽게 알 수 있습니다.

```
names = ['쵸파','루피','상디','조로']
print(names[0])
print(names[1])
print(names[2])
print(names[3])
```

> 쵸파
>
> 루피
>
> 상디
>
> 조로

그리고 인덱스는 음수로 사용할 수도 있는데, 이때에는 '뒤에서 첫 번째' 같은 개념으로 사용됩니다. 지금은 데이터 4개 밖에 없지만, 데이터가 많을 때는 앞에서 24번째를 세는 것보다 뒤에서 두 번째를 세는 것이 빠를 때가 있겠죠?

```
names = ['쵸파','루피','상디','조로']
print(names[-1])   # 인덱스 -1 : 뒤에서 첫 번째 데이터에 접근
```

> 조로

■ 리스트에 저장된 위치로 데이터의 일부 자르기(slicing)

리스트의 또 다른 특성은 순서에 따라 여러 데이터에 접근할 수 있다는 것입니다. 이것을 슬라이스(slice)라고 하는데요. 다음 코드처럼 사용할 수 있습니다.

```
names = ['쵸파','루피','상디','조로']
print(names[0:2])
print(names[1:3])
print(names[1:])
print(names[:])
```

['쵸파', '루피']

['루피', '상디']

['루피', '상디', '조로']

['쵸파', '루피', '상디', '조로']

슬라이스를 할 때도 range() 함수와 마찬가지로 [a:b]는 a 이상 b 미만이라는 구간이 적용되는 것을 볼 수 있으며, 생략할 경우 '맨 앞에서부터' 또는 '끝까지'와 같은 기능을 하는 것을 볼 수 있습니다.

■ 리스트에 값 추가하기

이제 주어진 리스트에 값을 추가하는 방법을 알아보겠습니다. append라는 단어를 사전에서 찾아보면 '덧붙이다', '첨부하다'라는 뜻입니다. 그래서 리스트에 값을 추가할 때는 다음과 같이 append라는 함수를 사용하면 됩니다.

```
names = ['쵸파', '루피', '상디', '조로']
names.append('나미')    # 리스트에 값 추가하기
print(names)
```

['쵸파', '루피', '상디', '조로', '나미']

그리고 리스트에 몇 개의 데이터가 저장되었는지 확인하려면 length라는 뜻의 len() 함수를 사용하면 됩니다. len() 함수는 꼭 리스트의 길이만을 알 수 있는 것은 아니고, 문자열의 길이도 알 수 있습니다.

```
print(len(names))                            # 리스트 길이 출력하기
print(len('data analysis for everyone'))     # 문자열 길이 출력하기
```

```
5
26
```

지금까지 배운 내용들을 종합하면 이런 코드를 작성할 수 있습니다. 코드를 읽고
어떤 결과가 출력될지 예상해본 다음 직접 코드를 작성해서 결과를 확인하세요.

```
names = ['쵸파', '루피', '상디', '조로']
names.append('해적왕')
for name in names :
    if len(name) > 2 :
        print(name,'왔나요~?')
```

여기까지 파이썬 병아리반 내용이었습니다. 짧은 시간 동안 압축해서 배웠기 때
문에 이해가 잘 안 되는 부분도 있을 수 있습니다. 그런 부분은 직접 다양한 값을
바꿔보며 연습하세요.

여기에서 다룬 내용 외에 while 반복문, 딕셔너리 등도 알아둘 필요가 있습니다.
이 책에서 미처 다루지 않은 내용들은 파이썬 입문서 또는 인터넷 검색으로 학습
할 것을 권장합니다.

파이썬 기초를 배웠으니 활용한 데이터 분석 프로젝트를 시작해 보세요!

마치는 글

컴퓨터는 믿을 수 없이 빠르고, 정확하며, 멍청하다.
사람은 매우 느리고, 부정확하며, 뛰어나다.
둘이 힘을 합치면 상상할 수 없는 힘을 가질 수 있다.

– 알버트 아인슈타인

여러분에게 프로그래밍은 어떤 의미인가요?

컴퓨터를 사용하여 일상생활의 문제를 해결해 나가는 것이 자연스러워진 요즘입니다. 이미 소프트웨어의 중요성은 모두가 느끼고 있을 겁니다. 하지만 '프로그래밍'이라는 단어는 멀고 어렵게 느껴지지요.

이 책을 다 읽은 뒤 여러분께서 프로그래밍과 데이터 분석이 조금이나마 가깝게 느껴졌으면 하는 마음을 담아 책을 썼습니다. 또 여러분께서 이 책을 읽는 동안 마치 누군가와 옆에서 대화하는 것 같은 느낌을 가질 수 있게 여러 번 문장을 읽고 쉬운 표현을 고민하였습니다.

배움에 뜻을 둔 누구나 이 책을 통해 세상에 대한 더 많은 질문을 던지고 창의적인 생각을 펼쳐나가길 바랍니다.

함께 하는 즐거움과 가치를 느끼며 작업할 수 있도록 늘 배려해주신 송석리 선생님과 김윤지 과장님께 감사드립니다.

공동 저자 이현아

찾아보기